LE BONHEUR
EST UN ART SUBTIL

Dépôt légal : septembre 2008
ISBN : 978-2-7557-0352-8
N° 0352-1

www.editionsdupanama.com

Daniel Jouvance
Avec la complicité
de Françoise Simpère

LE BONHEUR EST UN ART SUBTIL

Éditions du Panama
26, rue Berthollet
75005 Paris

PRÉFACE

En entamant la lecture de l'autobiographie de Daniel Jouvance, je me suis demandé : « Qu'a donc à nous dire cet homme à qui tout semble avoir réussi ? » La réponse à cette question, c'est à la fin de son ouvrage qu'il nous la livre.

Daniel Jouvance est chef d'entreprise au sein du groupe Yves Rocher. Il écrit : « De plus en plus nombreux sont ceux, dont je fais partie, qui en ont assez de cette société matériellement si riche et humainement si dure, qui épuise les ressources de la Terre et épuise nos énergies », et encore : « Nous devons faire notre deuil de l'illusion que la Terre est inépuisable et que la croissance économique est synonyme de bonheur. » Des paroles inattendues dans la bouche d'un grand patron.

On découvre très vite que Daniel Jouvance aime la Terre, la vie et ses frères humains, qu'il rencontre partout dans le monde au hasard de ses missions scientifiques dans l'univers marin. Selon une expression empruntée à Montaigne, il aime « frotter les cerveaux » pour faire jaillir des étincelles de ses rencontres. On sent en le lisant combien Daniel – s'il me permet de l'appeler aussi familièrement, mais la fréquentation d'un livre crée des liens spontanés d'amitié lorsque les sensibilités se rejoignent – est ouvert à l'autre, aux autres. Il a fréquenté la plupart des grands de l'écologie comme Bombard, Cousteau, Lovelock, mais aussi l'apnéiste Loïc Leferme et l'architecte de la mer Jacques Rougerie. Au sein du comité scientifique de son entreprise, il dialogue avec des chercheurs de haut niveau, qui ne l'auraient sans doute pas rejoint s'ils ne partageaient avec lui la fibre écologique. La rigueur et l'esprit de synthèse qu'exige sa mission de P-DG se trouvent heureusement équilibrés chez lui par un sens artistique aigu qui l'amène vers la forge des sculpteurs sur métal et vers la sculpture qu'il pratique aussi, et plus qu'à ses seuls moments perdus.

Mais sa grande passion, c'est la mer, ce qui n'étonnera pas chez cet homme qui se dit Poissons, ascendant Poissons... Tout ce qui touche à la mer l'intéresse, avec cette curiosité foisonnante qui rejoint ce que la tradition astrologique nous dit de son signe. Rien de commun, chez cet homme, avec les capitaines d'industrie devenus au fil du temps de grands patrons spécialistes de la finance, membre de la jet-set et si souvent un tantinet arrogants et dominateurs. Lui, au contraire, se garde bien des excès de la manipulation qu'il décèle dans ce que serait la conduite d'une entreprise exclusivement basée sur des enquêtes de marketing. Aussi n'a-t-il pas hésité à introduire le concept de sobriété au niveau de l'offre de ses produits, réduisant ses gammes de vingt à cinq, soucieux en cela d'aller à l'essentiel dans le respect de ses clientes et clients. Dans les relations qu'il gère au sein de son entreprise, la qualité des rapports humains est essentielle à ses yeux, rien n'étant pire pour lui que d'imaginer que ses employés puissent souffrir de ce fameux stress au travail, contrepartie incontournable de la course éperdue vers toujours plus de compétitivité. Et c'est avec ce même souci d'aller à l'essentiel, c'est-à-dire vers l'humain, vers le cœur, qu'il aide plusieurs associations de jeunes épris de la mer.

J'ai eu, en le lisant, l'immense plaisir de retrouver l'atmosphère chaleureuse, bien que parfois périlleuse, des expéditions scientifiques naturalistes sur le terrain. Tandis que je crapahutais dans les zones tribales à risques d'Afghanistan, Daniel explorait des îles de l'océan Indien : Socotra, les Glorieuses, les Hanish près des côtes du Yémen, Ibo au nord du Mozambique, des noms qui font rêver et dont l'évocation suscitera peut-être des vocations ; car les naturalistes aujourd'hui se font rares, tandis que la biologie moléculaire s'exerce désormais dans les laboratoires où le gène est roi.

Ces recherches de nouvelles substances actives marines produites par des algues ouvrent d'immenses perspectives sur les ressources qu'il reste à découvrir dans le monde des océans encore si mal connu. À n'en pas douter, la mer contribuera pour une large part à nous offrir aliments, médicaments et, bien entendu, produits cosmétiques du futur.

L'ouvrage se termine par l'évocation d'une toute récente mission à Madagascar. Daniel y a rencontré un peuple joyeux en quête d'initiatives et de savoir-faire pour entrer de plain-pied dans ce développement durable qu'il préfère qualifier d'« économie responsable ». On apprend au détour d'une page que Daniel a failli mourir d'un accident cardiaque, ce qui lui a valu de faire une de ces fameuses NDE (*Near Death Experience*) où il a vu comme tant d'autres un long tunnel et une grande lumière au-delà. Point étonnant dans ces conditions qu'une telle expérience ait eu une influence décisive sur la conduite de sa vie, le poussant à aller en toute chose droit à l'essentiel. À Madagascar, cette trajectoire l'a tout naturellement amené au contact du célèbre père Pedro, une figure légendaire sur la grande île, ami de l'abbé Pierre, proche de la communauté de Taizé et grand bâtisseur devant l'Éternel. Il a été saisi par la richesse de cette rencontre et termine son ouvrage par cette belle phrase : « Il m'apparaît comme une évidence que je ferai tout pour travailler avec lui. » Et par une de ces étranges coïncidences qui évidemment n'en sont pas, voilà qu'il découvre que la proche collaboratrice du père Pedro est la fille de l'ancien directeur des relations humaines du groupe Yves Rocher !

J'avais, c'est vrai, abordé la lecture de ce livre avec une certaine perplexité. Qu'a donc à nous dire, je le répète, un homme à qui, tant dans sa vie familiale que professionnelle, tout semble avoir réussi ? Mais bien vite une sympathie est née qui est allée en se renforçant au fil des pages, tandis que je mesurais combien un tel témoignage est précieux venant d'un homme du monde des affaires souvent si cruel, si sec et si lourdement responsable de la société prédatrice de la Terre, des hommes et de leurs énergies dans laquelle nous vivons. Aussi, j'invite tous ceux qui sont épris d'écologie, et surtout tous les autres, à lire ce bel ouvrage auquel je souhaite le plus vif succès.

Jean-Marie Pelt
Président de l'Institut européen d'écologie
Professeur émérite de l'université de Metz

DU CÔTÉ DU PORTE-PLUME...

Pendant longtemps, Daniel Jouvance n'a été pour moi qu'une marque, celle de produits cosmétiques d'origine marine. Journaliste scientifique, j'avais eu l'occasion de vérifier qu'ils faisaient l'objet de recherches sérieuses. J'avais visité l'Eclosarium[1], le centre de thalassothérapie de Pornichet, et parcouru les dossiers de presse de la marque, sans savoir que derrière ce nom il y avait un homme.

Je l'ai découvert avec la parution du livre *Au nom de la mer*[2]. À cette époque, j'enquêtais sur *Caulerpa taxifolia*, algue unicellulaire tropicale qui colonise les fonds méditerranéens depuis le milieu des années quatre-vingt. Au-delà de la fameuse polémique sur les responsables de cette invasion, tous les chercheurs convenaient de la nécessité de suivre la caulerpe à la trace pour comprendre et contrôler son expansion. Ils souhaitaient donc informer un maximum de personnes afin qu'elles sachent identifier l'algue et alerter les laboratoires compétents. Dans les capitaineries, les clubs de plongée et de voile, et dans la presse locale ou spécialisée, des affichettes illustrées décrivaient l'algue et indiquaient le numéro à appeler en cas de découverte d'un site contaminé. C'était bien, mais limité. Je cherchais comment organiser un système d'information plus efficace et eus l'idée de contacter Daniel Jouvance via son service de presse, en espérant que sa passion proclamée

1. Cf. *infra* chapitre « Des homards à l'Eclosarium ».
2. Éditions Robert Laffont, 1996.

pour la mer l'inciterait à s'intéresser à cette envahissante *taxifolia*.

Il avait vingt minutes à me consacrer. Nous discutâmes près d'une heure, au terme de laquelle il accepta de glisser dans chaque colis expédié à ses clientes un document illustré sur la caulerpe. C'était inespéré : 500 000 femmes et leurs familles seraient informées en une seule opération, à charge pour moi de fournir texte et photos validés par les scientifiques.

Le lendemain, Daniel Jouvance m'appelait :

« Au fait, comment fait-on pour les frais de papier et d'impression ? »

Je n'y avais pas réfléchi. Dans cette histoire, j'étais bénévole, uniquement motivée par ma passion de plongeuse et mon intérêt pour l'écologie.

« Bon, proposa-t-il, on se donne une journée pour réfléchir ? »

Une demi-heure plus tard il rappelait :

« Ne vous cassez pas la tête, je prends les frais en charge. »

J'avais lu *Au nom de la mer* avec intérêt et sympathie, mais également un certain scepticisme tant il existe de défenseurs de la nature dont les actes se limitent aux mots. Daniel Jouvance a cette capacité beaucoup plus rare de mettre en cohérence les idées et les actes. Cet homme fait siennes au quotidien les idées et les valeurs qu'il développe et qu'il a fallu lui extirper phrase après phrase. En bon Breton, il considère que les mots sont plus forts lorsqu'ils restent rares. Taiseux mais faiseux, à l'opposé de la société du spectacle peuplée de « grands diseux petits faiseux ».

Au fil des années, j'ai découvert qu'il finance des missions scientifiques auxquelles il participe personnellement, qu'il a créé un prix pour de jeunes chercheurs en biologie marine, soutient des ONG humanitaires, propose à des groupes d'adolescents des séjours de sensibilisation au milieu marin et, sculpteur lui-même, aide discrètement des artistes à se faire connaître.

Certes, il en a les moyens. C'est vrai, mais il n'est pas le seul à disposer de facilités matérielles pour améliorer le cours du monde. Il n'est d'ailleurs pas le seul à apporter un soutien financier à des organismes ou des associations. L'humanitaire et l'environnemental sont à la mode, nombre d'entreprises ou de personnalités du spectacle ont créé des fondations dans ces domaines. L'exemple vient de haut puisque l'homme le plus riche du monde, Bill Gates, consacre aujourd'hui une part non négligeable de sa fortune à ce genre d'activités.

L'originalité profonde de Daniel Jouvance, qui m'a incitée à l'accompagner dans ce projet de livre, est précisément sa réticence à n'être qu'un mécène, un donateur, un sponsor. Sa motivation est ailleurs, dans une curiosité passionnée pour ce qui l'entoure, qui l'amène à parcourir le monde et à observer la diversité humaine au lieu de se complaire dans le fauteuil confortable du chef d'entreprise.

Le bonheur dont il rêve pour lui et pour les autres s'appuie sur des valeurs non marchandes : « Je crois à la gentillesse », dit-il. Une profession de foi rare chez un dirigeant à l'ère de la gestion sans états d'âme. Si rare que les interlocuteurs variés qui ont enrichi la matière de cet ouvrage et que nous remercions ici ont été unanimes : « C'est un homme simple et chaleureux, on a de la peine à réaliser qu'il est un homme d'affaires. » De quoi laisser songeur sur l'image de marque du monde de l'entreprise...

J'ai, du reste, rencontré une difficulté inattendue dans l'élaboration de ce livre : la gentillesse est infiniment plus difficile à raconter que l'inverse. On craint de tomber dans la mièvrerie façon « Heidi au chalet » ou de se laisser abuser par une façade trop lisse qui dissimulerait des intentions ou des intérêts inavouables : « Trop bien pour être vrai. » C'est pourquoi sans doute tant d'auteurs se passionnent pour des biographies de serial killers ou de prédateurs financiers. Il y a de l'action, de l'horreur et du *suspense* pour accrocher le lecteur et nul ne leur fera le reproche d'être naïfs face à leur sujet !

Qu'on se rassure, l'histoire racontée ici comporte de l'action, de l'aventure, des paysages à couper le souffle et des personnages hors du commun. La chance de Daniel Jouvance est d'avoir su transformer en avantage un handicap initial. Manifestement à l'étroit dans le costume du manager, il en a élargi les coutures pour saisir toutes les occasions de rencontrer des interlocuteurs hors du sérail, des scientifiques, des artistes et des aventuriers qui nourrissent son rapport intuitif et sensoriel au monde. Loin de théoriser, il expérimente, imagine, corrige, obsédé par l'idée que « frotter des cerveaux entre eux » fait jaillir des étincelles positives. La fibre artistique que le monde des affaires ne lui a jamais fait perdre lui donne l'indispensable grain de folie sans lequel la créativité n'est que du marketing.

À travers l'histoire de sa famille, de son entreprise, de sa passion pour la mer, la science et l'art, son livre nous parle de ce qui, au fond, nous importe le plus : être heureux. Les valeurs sur lesquelles il a fondé sa vie – la foi en l'intelligence collective, un regard curieux et respectueux sur la nature et des relations humaines chaleureuses – sont de celles qui donnent envie. C'est toute la grâce que je souhaite au lecteur.

Le chaos créatif

UNE SOIRÉE SURRÉALISTE

Yémen 1997, île de Socotra. Suspendus à des cintres de fil de fer, les tee-shirts trempés se balancent mollement dans le courant d'air. Peu de chance qu'ils sèchent, il pleut toujours des cordes. Cette queue de mousson nous vaut depuis plusieurs jours un ciel bas, des rafales de vent et des averses diluviennes. La piste d'atterrissage par laquelle nous sommes arrivés n'est plus qu'un souvenir, la terre est devenue une sorte de boue sanglante, rouge et épaisse, dans laquelle les pieds s'enlisent. Pas question de faire atterrir ici le moindre avion. Je suis inquiet. Nous sommes tous inquiets et fatigués. Après plusieurs jours de plongées magnifiques au milieu d'une faune marine impressionnante et d'une flore exceptionnellement riche qui ont permis aux chercheurs de récolter quantité d'échantillons, le temps s'est gâté. Nous avons dû stopper les plongées. Sur les rochers, les pêcheurs qui nous approvisionnent en poisson frais se battent contre la pluie et le courant. Manque de chance, deux chercheurs de l'équipe ont mangé un poisson toxique. Depuis plusieurs jours, leur état de santé est de plus en plus préoccupant. On tente de les réhydrater et de calmer leur fièvre, sans grand succès. Alain Diaz, médecin hyperbare et neurochirurgien, responsable médical de l'équipe, préconise une évacuation sanitaire que les conditions climatiques rendent impossible. Si leur état de santé ne s'améliore pas dans les jours qui viennent, il va falloir trouver une solution d'urgence, peut-être appeler l'armée française à la rescousse. Pour me détendre et surtout me concentrer sur autre chose, je sculpte des bouts de bois apportés par les vagues. Ainsi est née d'ailleurs une petite pièce que j'appellerai plus tard en souvenir de ces instants *La Déesse de Socotra*. Puis j'essaie de faire le vide dans ma tête.

Tout à l'heure, miracle, j'ai pu joindre la maison et le bureau avec le téléphone satellitaire qui fonctionne de façon capricieuse. C'était surréaliste de parler dans l'appareil depuis cette île désolée où nous avons l'impression d'être seuls au monde, et d'imaginer ma famille et mes collaborateurs à des milliers de kilomètres de là, au chaud et au sec. En choisissant mes mots pour n'affoler personne, je les ai informés de la situation « grave mais pas désespérée ». On m'a trouvé, paraît-il, une voix d'outre-tombe. Catherine, ma femme, était inquiète, mon assistante Françoise aussi. Cette expédition au Yémen, sur l'île de Socotra, est l'une des plus difficiles que nous vivons. Benoît Tschieret, chef d'expédition, a mis des mois à l'organiser. C'était compliqué d'obtenir les autorisations nécessaires pour plonger, compliqué de trouver les moyens d'importer tout le matériel scientifique. Nous avons dû négocier avec le frère du président de la république du Yémen, chef des armées, pour obtenir des avions-cargos militaires. Il nous a finalement proposé un Antonov, avion russe utilisé pour convoyer des véhicules militaires, largement suffisant pour notre cargaison, mais après d'interminables palabres on nous fait comprendre que pour d'obscures raisons de sécurité – en réalité pour essayer de nous faire payer deux fois le transport – une partie de notre matériel ne pourra être embarqué. Un avion pour 8 m^3 de matériel, nous en avons le double, ou alors il faudrait organiser deux rotations, ce qui n'était pas prévu dans nos précédentes tractations. Devant son refus, nous avons mis dans l'avion le maximum autorisé et expédié le reste par bateau : du matériel de plongée, des vivres non périssables et des médicaments. Médicaments qui nous font faute en ce moment, d'autant plus que, sur cette mission comme sur toutes les autres, nous avons donné une partie de notre stock aux villageois qui viennent nous voir. Le bruit s'étant vite répandu que parmi les étrangers installés sur l'île il y avait deux médecins, Alain Diaz et Paul-Robert Thomas, on nous amène les malades, les enfants accidentés, les femmes enceintes… Il y a quelques jours, un enfant tombé dans un puits nous a été confié dans un état désespéré. Il est mort dans les bras d'Alain. Les villageois étaient traumatisés en réalisant que la médecine moderne ne fait pas toujours de miracles. Comment refuser de l'aide à ces gens qui manquent de tout ? Il n'empêche que, pour la première fois aujourd'hui dans une mission Auracéa[1], des participants courent un danger vital et notre impuissance à les aider ajoute à l'inquiétude…

Assis sur une caisse en bois, tant bien que mal abrité par un auvent de toile humide, Bernard Banaigs, biochimiste spécialiste des invertébrés benthiques, met à jour ses notes. Il travaille sur des molécules marines qui pourraient avoir une action antibiotique ou anticancéreuse. La mer, pharmacie du futur… Nos regards se croisent, nous échangeons un sourire de connivence, un sourire qui signifie à la fois « Dans quelle mouise nous sommes ! » et « Heureusement qu'on n'est pas seuls ». Je décide brusquement d'organiser une soirée pour remonter le moral du groupe. Philippe Amade, chargé de recherches à l'Inserm en biochimie marine, va pêcher un barracuda que nous accommodons en sushis avec les moyens du bord, puis nous préparons une sorte de punch capable de réveiller un mort. L'intendance locale a fait des miracles pour nous nourrir depuis le début de la mission, d'autant que les vivres envoyés par bateau nous font défaut. Rapporter quelques citrons ou des légumes frais du village voisin est un enjeu quotidien, mais ce soir, au diable l'avarice, nous allons faire la fête !

La grande tente où nous sommes réunis, assis par terre, sur des cageots, des cantines ou des lits de camp, est baignée

1. Cf. *infra* chapitre « Aventures scientifiques ».

d'une lumière étrange, une sorte de brouillard doré généré par l'humidité omniprésente et la flamme des lampes. Nos visages ont des reflets dansants, des ombres accentuées par la fatigue de ces derniers jours. Je filme, je cadre au plus près ces regards intenses comme ceux des personnages d'un tableau de Rembrandt. Alain Diaz a pris sa guitare. Il faut toujours une guitare dans un groupe, c'est la base de la convivialité. Nous chantons en chœur n'importe quoi. L'un s'égosille sur « Retiens la nuit », l'autre entonne « Les copains d'abord ». Peu à peu, musique et punch aidant, l'atmosphère devient incroyablement chaleureuse. Philippe Amade nous démontre des talents de rocker étonnants. En bermuda et tee-shirt, Alain Couté, directeur du laboratoire de cryptogamie au Muséum d'histoire naturelle, spécialiste de la ciguatera[1] et responsable technique des plongées sur nos missions scientifiques, entonne des couplets écrits par l'équipe de chercheurs sur l'air de « Michael est de retour ». De retour, il est question évidemment, retour de Socotra tellement compromis, retour à la santé pour les malades et les accidentés de l'équipe qui essaient de dormir dans la tente voisine, retour du beau temps... Hymne funèbre et plein d'humour à une expédition ô combien mouvementée. Dehors, des trombes d'eau secouent la toile et nous rappellent notre condition précaire, mais à l'intérieur la chaleur monte. Si nous avons les yeux fiévreux, c'est la fièvre du samedi soir...

Tout à coup, Paul-Robert Thomas se lève. Ce médecin baroudeur a bien connu Brel. Sous nos yeux médusés, il se transforme peu à peu en grand Jacques : l'accent, l'allure, le timbre de voix, tout y est, émotion comprise lorsqu'il articule « Avec le vent du nord, écoutez-le craquer » tandis qu'au-

1. La ciguatera est une maladie grave ou mortelle pour l'homme, provoquée par des microalgues toxiques ingérées par les poissons, chez lesquels elles ne provoquent aucun dommage.

dehors se déchaînent les rafales, humour compris dans son interprétation des « Bonbons 67 » qui laisse toute l'équipe hilare. Je filme, je garde la pause sur certains visages illuminés, conscient de ce moment exceptionnel que nous sommes en train de vivre. Des années plus tard, chaque fois que nous évoquerons la mission Socotra, quelqu'un parlera de cette soirée. « Une soirée surréaliste, une émotion intense », se souvient Bernard Banaigs.

Deux jours plus tard, les conditions météorologiques se sont améliorées, les malades ont commencé à aller un peu mieux, et nous avons pu les évacuer à l'aide d'un bateau de pêche qui les a conduits à l'aéroport le plus proche. La mission Socotra, qui aurait pu être tragique, s'est heureusement bien terminée.

Pourquoi commencer ce livre par cet épisode ? Parce que, au-delà de la force du souvenir pour ceux qui l'ont vécu, il me conforte dans l'idée que l'homme donne pleinement sa mesure quand il est confronté à l'adversité et mû par un sentiment de solidarité active. Alors qu'aujourd'hui sont lancés de toutes parts des cris d'alarme sur l'état du monde, je suis convaincu que le moment est propice pour libérer nos forces constructives. Non seulement cela rendra efficaces les actions nécessaires, mais je suis intimement persuadé que cette action collective vers un avenir plus humaniste et vivable nous apportera le même bonheur que celui que nous avons ressenti à Socotra, à un moment où pourtant, objectivement, tout allait mal.

UNE CHANCE À SAISIR

En 1996, je publie mon livre *Au nom de la mer*. Les scientifiques que j'ai interrogés s'inquiètent de la dégradation de notre milieu naturel et proposent des solutions pour inverser le processus en cours[1]. Je suis enthousiaste, persuadé qu'en unissant nos connaissances et la volonté du plus grand nombre – car qui ne voudrait préserver la planète ? – nous allons non seulement freiner les destructions, mais également instaurer des modes de vie plus harmonieux. De façon intuitive, je crois en effet que la mer est une des clés de l'équilibre de l'homme avec la nature et avec lui-même. Dans mon livre, j'ai même écrit une sorte de conte futuriste se déroulant sur des « bases de vie marine » où les ressources de la mer sont utilisées avec discernement pour nourrir, soigner et fortifier l'organisme humain et où l'art, la solidarité et la réflexion permettent aux habitants de ces bases d'instaurer une société harmonieuse et solidaire. Science-fiction ? Pas vraiment. J'y croyais si fort que j'avais situé l'existence de ces bases de vie marine dans un futur très proche : 2010, quinze ans après l'écriture de *Au nom de la mer*. Un délai suffisant, espérais-je, pour réaliser ce rêve que les scientifiques et d'autres amoureux de la mer m'avaient inspiré.

2008, douze ans plus tard : les dégradations se sont poursuivies et aggravées, les solutions envisagées par les uns et

1. Un peu plus tard, en juillet 1997, dans un dossier du *Figaro Magazine* intitulé « Le monde du silence en péril », une dizaine de scientifiques préconisaient des solutions pour préserver le milieu marin, dont la majorité est restée lettre morte...

les autres aujourd'hui sont très voisines de celles que les écologistes préconisaient dès les années soixante ou soixante-dix. Bref, si le constat sur l'état de la planète fait depuis longtemps est à présent relativement peu contesté, l'action tarde. En 2007, le « Grenelle de l'environnement » a montré que la prise de conscience atteint les plus hautes sphères, sans garantir qu'elle ne se limitera pas, une fois de plus, à l'énoncé de bonnes intentions.

Alors que faire ? Baisser les bras, se dire que notre planète bleue est irrémédiablement sur le déclin, mettre en cause les citoyens, les gouvernements, les institutions publiques et les entreprises privées, fustiger l'individualisme et l'inconscience des uns, la soif inextinguible de pouvoir et de profit des autres ? Bref, conclure qu'il est illusoire d'espérer modifier un monde où les uns campent sur leurs privilèges tandis que les autres meurent dans la misère ? C'est tentant, et ce serait médiatiquement une bonne affaire. Les catastrophes ont meilleure presse que les bonnes nouvelles.

Pourtant j'ai l'intuition du contraire. Il me semble qu'annoncer chaque jour l'Apocalypse favorise davantage l'anxiété et le repli sur soi que la solidarité et l'imagination, sauf si on y associe un projet de société en rupture avec les fausses valeurs qui ont construit ce monde aujourd'hui si malade. J'ai le sentiment que le chaos qui semble nous entourer est le prélude nécessaire à une remise en cause radicale de nos modes de pensée et de vie. Il y a des références : l'Univers est né après un big-bang dont l'ampleur minimise considérablement nos soubresauts actuels. Plus près de nous, tous les empires de l'Antiquité sont tombés après une période d'apogée où leur pouvoir semblait triomphant, comme s'ils avaient atteint ce fameux trop-plein qui fait déborder le vase. Le professeur Jean-Marie Pelt, spécialiste en botanique et fondateur de l'Institut européen d'écologie, faisait remarquer, lors d'un colloque, que l'homme dispose de ressources immenses pour réagir, mais ne s'y décide que lorsqu'il arrive au bord du gouffre. Nous y sommes. Des études scientifiques, des catastrophes climatiques, des conflits sanglants et multiples montrent que la Terre nous lance des avertissements de plus en plus pressants. René Dumont ou le Club de Rome en ont été les précurseurs dès les années soixante, mais il a fallu attendre ces dernières années pour convaincre le plus grand nombre que nous habitons une planète aux ressources limitées bien qu'immenses. Nous en sommes responsables, non plus dans un avenir lointain, mais dès aujourd'hui, car il y a urgence.

Le moment est particulièrement bien choisi pour agir : jamais dans l'histoire du monde il n'y a eu autant de richesses produites, et les technologies qui peuvent nous permettre de préserver notre bien-être sans épuiser les ressources naturelles existent. Cependant, au-delà de l'économie, nous devons opter pour un mode de vie qui remettra l'humain au cœur de la société. Le bonheur est un art subtil, qui passe évidemment par la satisfaction des besoins vitaux (manger, se vêtir, se soigner, se loger) mais aussi par une part qualitative, relationnelle, culturelle et même irrationnelle. Ce qui donne sens à la vie.

Les changements qui s'imposent ne nous enlèveront rien, au contraire. Ils nous débarrasseront de ce qui nous pourrit l'existence : le stress, le gaspillage, les affrontements inutiles. Selon une formule hélas galvaudée, je suis convaincu qu'en ne courant plus vers l'Avoir mais vers l'Être, en étant curieux et respectueux des milieux naturels et de leur fonctionnement extrêmement complexe, en retrouvant un comportement éthique face au cynisme ambiant qui considère la morale comme une utopie et l'amoralité comme du réalisme, on peut saisir cette opportunité quasi historique de vivre plus heureux en participant à un monde meilleur.

Comme tout changement, cette révolution mentale suscitera du scepticisme et des résistances. Mais comparée au chaos existant, responsable de tant de souffrances et d'injustices, elle apparaît comme une nécessité et, mieux, comme une chance.

CHANGER DE MODÈLE

Le monde moderne est-il vraiment plus dur, comme on l'entend dire si souvent ? Oui et non. Oui, car la vie est plus complexe, plus individualiste et plus angoissée dans sa banalité quotidienne, alors qu'elle pourrait être infiniment plus douce. Oui, aussi, à cause d'inégalités insupportables : mieux répartie et mieux utilisée, la quantité de nourriture produite suffirait à nourrir 9 milliards d'habitants[1] alors que nous ne sommes que 6 milliards. Il y a des raisons politiques à la faim dans le monde, comme les guerres et les échanges inéquitables, des raisons pseudo-écologiques avec la folie des biocarburants, et enfin des raisons liées à nos habitudes alimentaires : on utilise des quantités faramineuses de céréales pour nourrir le bétail, au détriment des populations qui s'alimentent principalement de céréales, alors que le monde occidental souffre de maladies cardiovasculaires et sans doute aussi de cancers liés en grande partie à une surconsommation de viande et de graisses animales. Un tiers de la planète souffre de malnutrition et de carences quand les deux autres tiers cherchent à mincir !

Le monde s'est également durci parce que la mondialisation qui aurait dû stimuler la solidarité planétaire a, au contraire, favorisé un repli sur soi ou sur des communautés ethniques, religieuses, et attisé tantôt des rancœurs, tantôt un sentiment de culpabilité. Or ces deux sentiments

1. Évaluation de la FAO (Food and Agriculture Organization/Organisation des Nations unies pour l'alimentation et l'agriculture).

affaiblissent, alors que la solidarité est une énergie forte et régénératrice.

Cependant tout n'est pas plus dur dans le monde actuel. Les conditions de vie matérielles, y compris dans les pays pauvres, se sont améliorées en cinquante ans. Nous savons soigner des maladies autrefois incurables, Internet permet à des gens éloignés de milliers de kilomètres de communiquer sans consommer un centilitre de carburant et le niveau d'éducation a globalement progressé. Nous sommes aussi beaucoup plus prompts qu'autrefois à réagir aux injustices. Pendant des siècles l'esclavage a été considéré comme un mal nécessaire. Actuellement, même s'il n'a hélas pas totalement disparu, il est condamné par la conscience collective. Lors du tsunami en Asie du Sud-Est fin décembre 2004, que les médias nous faisaient vivre quasiment en temps réel, l'élan de solidarité a été si fort que les ONG ont parfois été débordées par l'afflux de dons et de propositions d'aide, preuve supplémentaire qu'en cas d'urgence les humains sont capables de solidarité et même d'héroïsme.

Ce qui rend le monde plus dur aujourd'hui n'est pas une absence de moyens mais plutôt un excès de richesses matérielles, qui engendre une spirale négative d'égoïsme et d'âpreté au gain. En somme, nous avons cessé de nous aimer. D'aimer les autres et de nous aimer nous-mêmes. Pourtant, ceux qui s'engagent dans des activités solidaires – pompiers, sauveteurs en mer, ONG – savent la satisfaction profonde qu'il y a à œuvrer pour la collectivité et à donner un sens à sa vie. Je crois que cette quête de sens inhérente à l'espèce humaine peut s'exprimer à travers la conscience planétaire.

Ce que j'appelle de mes vœux, et nous sommes assez nombreux à avoir cette étincelle de vie pour qu'elle devienne un feu de joie, c'est un mode de vie pas seulement durable, mais responsable.

Plus aucun chef d'entreprise ne devrait envisager une action sans en évaluer les conséquences environnementales et sociales et sans se demander si ce qu'il produit améliore le bien-être ou participe au bonheur. Passé la satisfaction de ses besoins essentiels, plus aucun consommateur ne devrait acheter quelque chose sans se demander si l'objet convoité correspond à un désir réel ou à une vague envie suscitée par la publicité. Consommer sans se consumer…

L'intelligence humaine est capable de faire face à ce défi, à condition de changer son modèle de référence. Tant que l'idéologie dominante restera matérialiste et le bonheur identifié à la possession d'objets qui vous font exister en vous mettant « au-dessus des autres », toute limite aux satisfactions matérielles apparaîtra comme une régression. Il est absurde de demander aux gens de faire de « petits gestes pour la planète » dans un système de croissance continue où s'accentuent les inégalités, absurde de leur imposer des renoncements sans contrepartie. Ils doivent y gagner, sous peine d'avoir l'impression de faire des sacrifices tandis que « l'Autre » apparaît comme un gêneur, voire une menace. Une fois les besoins vitaux satisfaits – ce que permettent les richesses produites dans le monde –, le bonheur devient un art subtil, tissé de liens affectifs, de satisfactions intellectuelles et d'un rapport sensoriel au monde qui élargit le champ de conscience et peut apporter un sentiment de plénitude, notamment dans le contact avec la nature. Un projet de société fondé davantage sur ces valeurs immatérielles et moins sur les valeurs matérielles construirait un art de vivre plus équilibré, plus harmonieux et, au final, plus heureux.

Ce livre ne prétend pas donner la recette universelle du bonheur, d'autant plus que j'ai conscience que mes racines familiales et la chance d'habiter un pays en paix font de moi un privilégié. Ce n'est pas non plus une autobiographie, même s'il est nourri de souvenirs personnels. C'est un récit d'expériences, de réflexions et de rencontres qui ont entretenu l'étincelle de vie que je souhaite à mon tour transmettre.

L'ÉQUILIBRE, SANS INTÉGRISME

On m'objectera qu'il est facile de prôner des valeurs immatérielles quand on n'a pas de soucis financiers, et paradoxal de plaider pour l'Être quand on travaille dans la cosmétique, univers du Paraître. Je n'en suis pas si sûr… Effectivement, il est difficile de méditer quand on a le ventre vide, mais c'est aussi une question de culture. En Afrique et en Asie, des populations qui luttent quotidiennement pour leur survie gardent une place pour l'immatériel : cérémonies religieuses riches et complexes, œuvres d'art, tradition orale de conteurs et de griots… Même l'homme préhistorique prenait le temps de peindre les parois de sa caverne sans aucun espoir de vendre ses œuvres (!), preuve que l'être humain a besoin d'autre chose que de biens matériels. J'en suis convaincu, même si j'ai expérimenté la difficulté d'affirmer que l'essentiel n'est pas matériel, dans un monde où l'on parle chaque jour d'économie, de PIB et de pouvoir d'achat ! Au mieux on vous traite de doux rêveur et d'utopiste[1], au pire on cherche à vous prendre en défaut en traquant la moindre de vos contradictions.

Je ne fréquente pas les écologistes médiatiques. Le seul que j'ai rencontré, lors d'un colloque scientifique que nous avions organisé dans le cadre de l'association Océan-Océan, est Hubert Reeves. J'apprécie tout particulièrement son

1. Il est frappant de constater combien l'utopie, symbole de la capacité des hommes à imaginer un monde meilleur, a pris une connotation péjorative, comme s'il était interdit de rêver.

approche poétique et originale du monde. Beaucoup d'autres ont un ego si fort qu'il prend parfois le pas sur leur engagement, et l'on croise également de véritables ayatollahs qui vous montrent du doigt dès que vous vous éloignez du Dogme, ou dénigrent tout effort environnemental d'une entreprise au motif qu'elle cherche juste à se donner bonne conscience. Et alors ? Même si c'est sa motivation initiale parce que le « vert » a le vent en poupe, adopter une vision planétaire l'oblige à changer de comportement et c'est un bon début. Les opportunistes du développement durable seront d'ailleurs vite démasqués car la vigilance des consommateurs s'est considérablement accrue. Ils débattent avec une efficacité certaine de sujets autrefois réservés aux spécialistes (OGM, biocarburants, pollutions, biodiversité) et on ne peut plus, aux sens propre et figuré du terme, leur faire avaler n'importe quoi.

Pour revenir à la cosmétique… elle n'est pas ma vocation première, mon obsession reste de trouver dans la mer de quoi résoudre les problèmes de malnutrition et préserver la santé. Cependant, l'histoire montre que dès l'Antiquité les hommes et les femmes ont inventé des rituels de soins et de toilette qui dépassaient de loin les simples nécessités d'hygiène. Les parures de cheveux et les peintures corporelles servaient autant à s'identifier comme membre d'une tribu ou d'un groupe qu'à s'embellir, tout comme les tatouages ou les piercings un peu plus tard. Quant au maquillage, c'est un plaisir inhérent à l'espèce humaine. Savez-vous qu'à la question posée à des femmes cubaines sur ce qu'elles s'offriraient si elles avaient un peu plus d'argent, la réponse a fusé aussitôt : « Un rouge à lèvres ! »

Futile… ou essentiel ? Je me souviens que lorsque mon père[1] a créé son entreprise, il a reçu beaucoup de lettres de remerciements de femmes qui lui parlaient davantage de

1. Yves Rocher, fondateur de l'entreprise et du groupe éponymes.

bien-être que de beauté purement esthétique. Les soins cosmétiques sont un univers où l'on nage dans les odeurs, les couleurs, les textures... plaisir rare dans un monde où l'on utilise essentiellement la vue et l'ouïe au détriment des autres sens. La peau est l'interface entre le monde extérieur et soi, elle capte en permanence des informations que le cerveau décrypte, d'où l'intérêt de lui apporter des stimuli agréables. Des recherches récentes ont même montré que les cellules cutanées, tout comme les cellules intestinales, produisent des neurotransmetteurs qui influent sur l'humeur, ce qui explique sans doute l'effet bénéfique des massages.

Prendre soin de soi est si essentiel pour l'équilibre qu'une association[1] envoie des esthéticiennes dans des services de cancérologie, où l'on constate que le bien-être qu'éprouvent les malades lors de ces séances les aide à mieux supporter les traitements et surtout à se réapproprier leur corps, à se maintenir sur le versant de la vie et non sur celui de la mort. Dans les services de gérontologie et les maisons de retraite, le personnel considère d'ailleurs comme un mauvais signe le fait qu'une personne ne veuille plus se coiffer ou se maquiller.

Dans ce désir d'une société construite pour le bonheur de tous et non l'enrichissement d'une minorité, il me semble qu'une approche respectueuse des êtres et de la nature, qui fait la part belle aux relations humaines, à la science, à l'art et à la réflexion personnelle, s'éloigne du matérialisme cartésien et favorise un rapport intuitif au monde. En d'autres termes, elle développe en chaque humain sa part féminine en regard de sa part masculine pour tendre vers l'être « parfait », ou tout au moins vers l'être unifié. C'est une autre interprétation du mythe de Platon...

1. CEW (Cosmetic Executive Women).

Racines de roche et d'eau

FILS DE...

Longtemps, je n'ai pas aimé me présenter sous mon nom de famille. Le plus souvent, je disais « Daniel » en serrant la main qui m'était tendue. C'était simple lorsque j'étais enfant ou adolescent, à ces âges on se connaît par le prénom. Mais lorsque, à 26 ans, j'ai voulu fonder ma propre marque, il a fallu lui choisir un nom. Et désormais, une des questions les plus fréquentes qu'on me pose est : « Daniel Jouvance, c'est votre vrai nom ? » Jouvance, quand on vend des cosmétiques qui veulent préserver la jeunesse de la peau, c'est inespéré, même si la fontaine de jeunesse s'orthographie « Jouvence », avec un *e*. Mais Jouvance est avant tout le nom de ma mère, Rocher celui de mon père. L'eau et la roche, tout un symbole. Fluidité et solidité, part féminine, part masculine ? Ce n'est pas si simple : le rocher peut faire barrage à l'eau, mais l'eau qui tombe goutte à goutte sur la roche l'érode.

Ma mère et mon père manifestaient chacun une force de caractère peu commune. Face à l'adversité, ils réagissaient différemment : l'une l'affrontait de façon sensible et spontanée, l'autre faisait preuve d'un rare sang-froid avant de prendre les décisions qui s'imposaient, une attitude sans doute héritée de leurs propres parents. Les difficultés ont toujours été pour mon père une source très forte de stimulation, voire de dépassement.

Mon grand-père paternel était tailleur, il connaissait tout le monde au village et passait beaucoup de temps à s'occuper des autres. C'était un homme social, un janséniste dont la devise, devenue celle de mon père, était : « Bien faire le bien, et toujours discrètement». Il emmenait son fils tout gamin visiter les malades. Mon père n'avait que 16 ans lorsqu'il a perdu son père. Sa jeunesse a été marquée par les maladies et les deuils, notamment la mort d'une sœur. Peu à peu il s'est intériorisé. Pour lui, chaque mot compte, alors il les donne avec parcimonie.

Mon enfance, c'est aussi le lien très fort que j'entretenais avec mon frère Didier. On nous appelait « les frères Carter », titre d'une émission de radio de l'époque. Nous n'étions pas jumeaux – nous avions un an d'écart – mais néanmoins, lorsqu'il est mort brutalement en 1994, c'est comme si j'avais perdu une partie de moi-même. Je ne peux pas dire que je m'en suis remis. J'ai admis, c'est tout, et il m'est toujours difficile d'en parler. La mort de mon frère, c'est un trou noir… Je me souviens que mon père nous avait alors tous emmenés dans une abbaye. Nous étions là, au chaud, tous ensemble, et cela nous faisait du bien. Ce n'était pas un sentiment religieux mais une force donnée par l'amour que nous nous portons. Je crois profondément que l'amour est un sentiment dynamique alors que la méchanceté et la violence induisent des régressions individuelles et collectives.

Dans ma jeunesse, j'étais sans doute plus « Jouvance » que « Rocher ». L'enfance a besoin du côté maternel, de la douceur et de la sensorialité qui s'attachent à la mère. Sous une réserve apparente, typique de la pudeur bretonne, la mienne était, et demeure toujours à l'écoute, avec des moments de pure tendresse. Elle a connu la maladie, perdu précocement ses parents, une sœur, deux enfants… et s'est toujours relevée avec une incroyable persévérance. À 78 ans, c'est une femme solide et dynamique. Elle m'a certainement légué l'esprit de famille, l'idée qu'on se structure autour de valeurs essentielles transmises de génération en génération. Il ne s'agit pas de jouer les patriarches, mais de reconnaître que l'expérience des anciens peut aider à préparer l'avenir. À mes débuts dans l'entreprise, j'ai d'ailleurs spontanément cherché conseil auprès de personnes plutôt âgées. Cette notion du temps et de la transmission se perd aujourd'hui : on zappe, on croit vivre pleinement le présent alors qu'il me semble qu'on le vide de sa substance s'il n'est pas nourri de ce qui s'est passé avant et de ce qui se passera après.

Mes parents se sont séparés quand j'avais 10 ou 11 ans et m'ont envoyé en pension, en Bretagne d'abord, à Paris ensuite. Le temps m'y semblait long, je me sentais seul et j'espérais toujours que ma mère allait venir me chercher pour me ramener chez elle. À cet âge, j'avais une bouille de fille avec des traits fins et une carrure plutôt frêle qui ne me permettait pas de m'imposer physiquement. Plus tard, j'ai fait de la boxe pour me muscler physiquement, mais aussi psychiquement...

En fait, comme toute épreuve, ces années difficiles se sont révélées formatrices. Pour combler la solitude, je dessinais beaucoup, c'était une véritable passion. Aujourd'hui, je fais de la sculpture et j'aime passer du temps seul dans mon atelier, ça me régénère les neurones ! Vers 13 ou 14 ans, j'étais attiré par la religion et le milieu monacal. Aujourd'hui, je ne suis plus vraiment religieux, même s'il m'arrive parfois de prier. Je crois à la nécessité de se réserver des périodes de réflexion au calme pour ne pas sombrer dans l'agitation et la superficialité.

Au fil des années, j'ai traversé des phases parfois douloureuses où je me cherchais, tiraillé entre ma fibre artistique et mon goût d'entreprendre. Aujourd'hui, j'ai trouvé un équilibre entre mes pôles maternel et paternel. J'ai un frère et deux jeunes sœurs, un fils, deux filles, de nombreux neveux et nièces et une petite-fille, je suis bien entouré par la jeunesse et la gente féminine qui me transmettent leur vision du monde. L'influence de mon père et de mes frères, la partie mâle de la famille, a contribué à m'installer dans la réalité des choses, plus dure et plus ancrée dans la société. Sans eux, je n'aurais pas accompli mon parcours de chef d'entreprise. J'aurais sans doute été davantage artiste.

Longtemps j'ai regretté ce que je considérais comme une vocation manquée, puis j'ai eu l'occasion de suivre des cours de sculpture, de créer mes propres œuvres et d'intégrer cette vocation artistique dans ma vie professionnelle en concevant les centres de beauté et les spas Daniel Jouvance, tout comme j'ai conçu et dessiné notre maison et son jardin… C'est une bonne leçon de vie : trouver des chemins de traverse pour réaliser ses rêves. On m'a raconté que Lionel Poilâne, qui rêvait de devenir célèbre et de fréquenter des personnalités alors qu'il était apprenti mitron, a eu cette démarche : « Puisque je suis destiné à être boulanger, je deviendrai un boulanger célèbre, connu dans le monde entier. » Il a réussi et rendu le goût du bon pain à une nation qui l'avait quelque peu oublié.

L'ARGENT, C'EST COMME L'EAU

Être « fils de… » est un avantage indéniable, qui facilite l'entrée dans la vie professionnelle, les héritiers qui prétendent le contraire sont des menteurs. En revanche, on peut gâcher cette chance si on la considère comme un dû. Question d'éducation. Mon père avait coutume de dire : « L'argent, c'est comme l'eau, il en faut, c'est vital. Mais lorsqu'il y en a trop, cela pourrit jusqu'aux racines. » Il s'est toujours arrangé pour qu'on n'en ait pas trop et pour qu'on sache apprécier ce qu'on avait, notamment en nous faisant découvrir les difficultés des autres : « Ne regarde pas ceux qui ont plus, pense à ceux qui ont moins. »

Mes deux parents nous ont inculqué l'idée que l'argent représente du temps et du travail, que tout travail doit être respecté, quel qu'en soit le niveau, et que chaque maillon de la chaîne est important. À mes débuts dans le groupe, j'ai travaillé à la production, à la comptabilité, au commercial… Quand on ne roule pas les mécaniques, on est bien accepté par les autres, même si on est le fils du patron.

Ma femme Catherine et moi avons voulu transmettre à nos trois enfants l'idée qu'ils ont la chance d'être nés dans un pays libre au sein d'une famille unie et aisée et que cela leur donne des devoirs envers ceux qui ne partagent pas la même chance. Nous avons souvent voyagé avec eux dans des conditions spartiates, pour qu'ils réalisent que le confort occidental n'est pas une norme universelle. Jérémy, le plus jeune, a eu à l'adolescence ce qu'il appelle sa « période petit con » : il fuguait, était tenté de frimer devant ses copains et ne voulait plus aller en classe. « Plus d'école ? OK, alors tu vas travailler. » Il est entré dans la vie professionnelle à 19 ans, conscient qu'il avait de la chance d'appartenir à une famille qui pouvait lui trouver rapidement du travail, mais qu'il allait devoir faire ses preuves. Il s'est formé sur le terrain, a progressé et va lancer une collection de tee-shirts décorés par des artistes contemporains qu'il veut appeler Andrea Noziglia… du nom de sa grand-mère maternelle d'origine italienne qui s'est beaucoup occupée de lui quand il était petit et lui a inculqué le respect des autres.

Nos filles ont connu la tentation des vêtements à la mode à l'âge du collège. Pour faire face à leur demande, je leur ai proposé : « D'accord, on va vous en acheter, mais comme ça coûte plus cher, je vais devoir travailler plus et rentrer plus tard à la maison. » En chœur elles se sont écriées : « Non, on préfère que tu rentres tôt ! » Dès lors, pour mieux les responsabiliser, nous leur avons donné un budget « fringues » à gérer. Elles ont vite appris à se fabriquer leur propre look avec des vêtements achetés au kilo dans des solderies. Ça a développé leur imagination et leur capacité à se créer un univers personnel.

Je me souviens que l'une de mes filles, lorsqu'elle était petite, ne souhaitait pas être identifiée comme la petite-fille d'Yves Rocher. Un jour elle m'a annoncé toute fière en rentrant de l'école : « Tu sais, papa, j'ai dit à mes copines que je m'appelais Rocher, comme Ferrero-Rocher, les bonbons. » J'ai éclaté de rire : « Ferrero-Rocher ? Mais c'est une famille bien plus connue que la nôtre ! »

Face à la notoriété, le regard de l'autre peut changer. Je n'aime pas ce phénomène mais je suis obligé de faire avec. L'anonymat préservé autant que possible permet d'avoir des relations plus vraies, basées sur la spontanéité et un désir d'égalité. La notoriété tant recherchée et si médiatisée aujourd'hui est symbole de puissance. Lorsqu'elle est héritée, elle est souvent mal gérée et utilisée pour combler des complexes d'infériorité. Elle n'est alors qu'usurpation et bien souvent source de domination d'autrui. Certains l'utilisent pour leur propre profit, d'autres pour faire évoluer la société vers plus d'humanisme, de solidarité, de respect des autres et de la nature, et dans ce cas-là elle trouve une raison d'être.

UN AMOUR DE JEUNESSE

En 1972, j'ai 18 ans, des cheveux bouclés, une bande de copains et l'envie de m'amuser. La musique m'attire, j'adore faire le DJ et ce rôle me permet d'être invité à nombre de fêtes d'étudiants malgré ma timidité. Au cours d'une de ces soirées, mon regard croise celui d'une jolie fille brune. Coup de foudre. Je ne me le suis pas dit de cette façon, évidemment, j'ai dû juste penser qu'elle me plaisait… C'est difficile après coup de se souvenir exactement, mais j'ai le sentiment que dès le premier jour j'ai su que Catherine était mon Yin quand j'étais Yang, mon Yang quand j'étais Yin. Plus que de l'attirance, une complémentarité évidente.

« Je suis arrivée dans cette soirée où je ne connaissais pas grand monde, se rappelle Catherine. J'ai vu que Daniel me regardait et de mon côté je ne pouvais pas ne pas remarquer ses yeux si particuliers, cette couleur turquoise rare. Mais comme il faisait le DJ, je n'ai pas pensé une seule seconde que je lui plaisais. Jusqu'au moment où il est venu m'inviter pour un slow. Un slow interminable, ou plutôt une série de slows. Il m'a avoué plus tard qu'il avait programmé cette longue plage romantique qui lui permettait d'abandonner momentanément son poste de DJ, dans l'unique but de me séduire ! Nous nous sommes mariés jeunes, Aurélia est née quelques années plus tard, puis Noémie et enfin Jérémy. »

Catherine a bouleversé ma façon de penser. Elle m'a fait découvrir des écrivains, familiarisé avec les philosophies bouddhistes et hindouistes qui la passionnent, avec le yoga, avec les écrits de Gandhi. Son origine italienne et ses recherches spirituelles font d'elle une femme équilibrée, avec un aspect solaire lumineux, et une sérénité dont j'ai besoin pour être heureux. Elle a un contact spontané avec la nature. J'ai toujours aimé les animaux mais je ne les connaissais pas vraiment. Catherine rêvait de vivre au milieu d'animaux. Dans notre maison, nous avons aujourd'hui des poules, des oies, des chats, des chiens..., c'est une expérience étonnante de partager le quotidien avec eux. La plupart des gens croient les poules stupides. En observant leur comportement, j'ai constaté qu'il n'en est rien. Nous avons apprivoisé des oies : l'une d'elles nous témoignait une véritable affection, quelque chose qu'on attribue d'ordinaire aux humains ou, à la rigueur, aux mammifères domestiques comme les chiens, les chats ou les chevaux... Découvrir que les animaux éprouvent des émotions, voire des sentiments, oblige à s'interroger sur la façon dont ils sont traités dans les élevages et sur la manière qu'a l'homme d'empiéter sur leur territoire. Catherine m'a aidé à acquérir une vision où l'homme n'est plus le roi de la Création, mais un de ses habitants, qui doit respecter les animaux et le milieu où il vit. En voyageant, j'ai constaté que cette vision existe dans de nombreux pays, généralement associée à des religions animistes ou polythéistes tandis que les religions monothéistes sont focalisées sur l'homme.

« Daniel s'intéresse à des choses belles et humaines, reprend Catherine, il apporte toujours du nouveau, de l'envie, de la spontanéité, de la fraîcheur, il a un authentique tempérament d'artiste. Ce tempérament s'exprime lorsqu'il peint ou sculpte mais aussi dans sa façon instinctive et en même temps très sûre d'appréhender le monde. Il a l'œil, comme on dit, et la capacité de transformer ses intuitions en créations. Ce n'est pas toujours facile de vivre avec un créateur, il faut apprendre à gérer son bouillonnement, mais c'est très stimulant. Je mène avec lui la vie dont je rêvais quand j'étais petite, dans une belle maison avec un jardin, des plantes et des animaux. »

Au quotidien, nous avons parfois des divergences, comme en ont tous les couples, mais je crois que nous avons le même regard sur la vie. Catherine et sa mère ne sont pas plus fascinées par l'argent que nous ne le sommes dans ma famille. Catherine aurait pu être très gâtée par son père qui l'adorait, mais cela ne l'intéressait pas. Elle poursuit depuis toujours une recherche sur le sens de la vie. Elle apprécie les contacts avec les scientifiques qui travaillent avec moi, parce qu'ils peuvent apporter des réponses à certaines questions. Aujourd'hui, j'ai envie de partager avec elle mes engagements humanitaires.

« Si je peux partager des choses avec Daniel, je le ferai avec plaisir, mais je ne veux pas être un poids. Il doit garder des moments qui n'appartiennent qu'à lui. On se demande toujours ce qui fait durer un couple à une époque où il y en a tant qui se déchirent. Il y a certainement une question d'éducation. Ses origines bretonnes et mes origines italiennes nous prédisposent à être attachés aux racines familiales. Cependant, l'essentiel est, je crois, de poursuivre le même cap tout en respectant les différences. Dans un couple uni, chacun sait aussi trouver sa place, son univers propre. »

MAISONS DE FAMILLE

Notre première demeure était une maison avec un petit jardin en banlieue parisienne, à Boulogne. Nous y avons vécu depuis notre mariage jusqu'en 1989. La mère de Catherine, qui habitait à côté de chez nous, s'occupait des enfants. Elle leur a donné une éducation tournée vers les autres et le respect d'autrui, où ne manquaient ni les repères, ni la tendresse. Ma mère habitait à proximité, mes frères également. Nos enfants ont grandi dans une atmosphère de tribu familiale. En semaine, ils allaient à l'école du quartier. Le week-end, nous leur organisions des soirées de dessins animés avec leurs cousins, ils adoraient cela. C'était une vie provinciale à deux pas de Paris, et, pour les vacances, toutes les branches de la famille se retrouvaient en Bretagne.

« J'étais trop jeune pour profiter de la ville et encore moins de Paris, se souvient Aurélia, mais je garde un souvenir ébloui des goûters d'anniversaire qu'organisait maman en invitant tous mes camarades de classe ! Le côté “clan” de la famille Rocher me plaisait beaucoup même si j'ignorais qu'il s'agissait d'une famille assez connue. C'est en comparant ma vie avec celle de certains copains de classe défavorisés que j'ai pris conscience de ma chance. »

Dans les années quatre-vingt, Catherine et moi avons travaillé ensemble pendant sept ans. Nous n'étions pas dans le même bureau, nous ne nous occupions pas de la même chose au sein de l'entreprise, aussi je ne trouvais pas difficile de vivre et travailler avec elle, même si parfois, au dîner, on parlait encore et toujours du travail... C'était plus compliqué pour les collaborateurs de l'entreprise. Durant ces sept années, nous étions très pris par notre travail et nous avons eu la chance que les grands-mères soient là pour nous aider. Noémie regrette cependant de ne pas nous avoir assez vus quand elle était petite, et cela se comprend. La qualité des instants qu'on passe avec les enfants est bien évidemment le plus important, mais il faut aussi une certaine quantité de temps pour créer les liens affectifs. Il en faut pour les construire, il en faut pour les entretenir, et la vie moderne, hélas, ne prend pas assez en compte cette nécessité. C'est pourquoi je trouve essentiel de faciliter la vie professionnelle, notamment des femmes, en évitant de programmer des réunions tardives qui les forcent à rentrer tard chez elles, ou en mettant en place dans les entreprises des formules de « temps choisi » qui permettent aux parents de faire face aux imprévus ou de prendre au cours de leur existence des périodes sabbatiques pour leur vie familiale et personnelle.

Notre nouvelle maison a mis trois ans à exister. Nous voulions vivre à la campagne sans nous éloigner trop du lieu où sont maintenant les bureaux de l'entreprise. Les agences immobilières nous proposaient des villas de luxe avec piscine, superbes mais pas du tout en phase avec nos rêves. Un jour enfin, nous avons déniché une ferme délabrée, dont personne ne voulait parce qu'elle se trouvait, la malheureuse, entre une prison et un camp militaire. Sans parler de la voie rapide toute proche en construction ! Autant dire que le terrain ne valait plus grand-chose et nous avons pu en acheter trois hectares. C'était une morne plaine, mais on avait de l'espace. Pour rénover la maison nous avons fait appel à un architecte qui ne nous a rien présenté de satisfaisant. Catherine et moi avons alors décidé de dessiner nos propres plans. C'était un travail voisin de la sculpture car il y avait tout à repenser, en trois dimensions. Pour humaniser le terrain plat comme la main, je suis allé trouver les responsables du chantier de la voie rapide en leur proposant de déposer leurs bennes de terre sur mon terrain au lieu de les porter à des kilomètres de là. Cela leur économisait du temps et du carburant, et moi, cela m'a permis, avec une équipe d'ouvriers, de sculpter un jardin avec des courbes, des vallonnements et des points d'eau. Catherine et moi avons ensuite passé des semaines à planter des arbres, des bambous, des cactus… Cette activité nous a attachés à ce lieu, car on s'attache à ce qu'on plante soi-même. Le mieux serait que vous veniez nous voir, Françoise…

La ferme est invisible de la route, on y arrive après quelques dizaines de mètres d'un chemin bordé de bambous au travers desquels apparaissent furtivement des sculptures et de minuscules clairières que Daniel a aménagées pour, dit-il, avoir des coins où se poser pour réfléchir. À l'arrivée, trois chiens accueillent le visiteur jusqu'à la maison qui ne ressemble ni à une ferme, ni à une villa de luxe, ni à un mas méridional. Atelier de sculpture, grandes pièces rafraîchies par la pénombre avec des tableaux, des sculptures et des objets ramenés de voyage, cuisine chaleureuse dans laquelle un panneau de photos accroché près du frigo raconte les années passées ici avec les enfants, les dîners de copains et les petits bonheurs, jardin d'hiver lumineux habité par une multitude de plantes, cette maison ne dit pas grand-chose du statut social de ses habitants mais tout sur leurs passions : la famille, les amis, l'art, les voyages et la nature. Dans le jardin, des poules, des canards, des oies et des chats rappellent que Catherine, quand elle était petite, rêvait de vivre au milieu d'animaux. Près d'une vitre tiédie par le soleil, un lézard ensommeillé coule dans son terrarium de vieux jours paisibles. C'est le lézard de Jérémy, si attaché à ses trésors d'enfance qu'il reproche encore à ses parents d'avoir oublié d'emporter lors d'un déménagement le marron d'Inde qu'il avait amoureusement fait germer !

La maison est devenue le port d'attache où viennent régulièrement les trois enfants. Aurélia a fait des études de biologie, d'ethnologie et les Beaux-Arts avant de partir travailler en Chine.

« J'ai fait des études par intérêt personnel, sans objectif professionnel précis, avoue-t-elle. Je m'intéressais à l'alimentation et aux médecines alternatives, d'où mon option biologie. L'ethnologie m'a permis de vaincre ma timidité en me forçant à faire des enquêtes sur le terrain. Quant aux Beaux-Arts… c'est un gène familial. Je vis actuellement en Chine, mais j'envisage d'expérimenter d'autres horizons, d'autres projets, comme celui de créer avec mon compagnon un lieu culturel mêlant photo, vidéo et expositions diverses. Il y a quelques années, j'ai travaillé plusieurs mois avec mon père. Ce n'était pas facile de nous côtoyer chaque jour car nous avons tous deux un tempérament assez fort. J'aimais le titiller, le provoquer… J'adore sa marque, son humanisme, son éthique, mais j'avais besoin de m'affirmer et de m'éloigner. À présent que je suis en Chine, nous recommençons à réfléchir ensemble sur des projets Jouvance ! »

Noémie est une pure créatrice, douée pour la couleur et les odeurs. Toute petite, elle s'exerçait à peindre à la façon de Miró ou Dalí. À 16 ans elle a fait un stage aux côtés de créateurs de parfums. Elle conjugue aujourd'hui la peinture, qui est son univers personnel, et la conception de gammes de maquillage originales inspirées de l'univers des peintres et de parfums traduisant en notes olfactives ses émotions colorielles. Férue d'indépendance, la jeune femme a quitté la maison à sa majorité pour revenir en région parisienne, dans le pavillon de banlieue de son enfance où elle habite avec son frère Jérémy. Entre-temps, elle a vécu à Londres où elle a participé à l'élaboration d'une grande exposition du peintre Damien Hirst, qui a été présentée à New York.

Mais revenons à Boulogne…

Dans une petite rue déserte, la porte ouvre sur un bout de jardin sauvage. On accède à la maison par quelques marches. À l'intérieur, on trouve un joyeux désordre de sculptures et d'objets hétéroclites qu'on devine accumulés là depuis trente ans. Noémie s'excuse : « Avec mon frère, on se dit parfois qu'il faudrait revoir la décoration, mais on se sent bien ici, c'est toute notre enfance. » Une enfance qualifiée de « cool », avec une grand-mère maternelle qui les recadrait en leur rappelant qu'on ne juge pas les gens sur leur position sociale mais sur leurs qualités humaines.

« Nos parents nous laissaient faire des bêtises, réaliser ce qu'on avait fait et enfin réparer, dit Jérémy. Ils voulaient que nous soyons responsables de nos actes, tout en nous laissant faire nos expériences. Je crois qu'ils n'ont levé la main sur moi que deux fois. Une fessée de mon père quand j'étais petit et une gifle de ma mère à l'adolescence, un jour où j'avais été particulièrement insolent.

« J'ai traversé une courte période où j'étais attiré par la frime et le côté clinquant de la vie, l'envie d'épater les autres. Je m'en suis vite dégoûté car ce n'était pas du tout le genre de la maison et je n'épatais personne. Mon père est hyper simple, pas du tout m'as-tu-vu, ma mère a gardé sa petite voiture près de vingt ans. Sans rien me dire, ils m'ont fait comprendre que je me fourvoyais et, à 19 ans, j'ai commencé à travailler dans une entreprise du groupe. L'an dernier, j'ai décidé de créer une petite société. C'est sans doute un gène familial ! »

Noémie s'est longtemps cherchée, au cours d'une adolescence dont elle se souvient comme d'une période mélancolique et renfermée, où, comme toute adolescente, elle se sentait différente des autres et se demandait ce qu'elle allait faire de sa vie. Elle aurait pu être mannequin, attachée de presse ou comédienne, toutes ces professions dont rêvent souvent les jeunes filles belles et bien nées. Elle a trouvé son équilibre avec la peinture qui dès l'enfance la gardait des heures entières concentrée sur ses couleurs. Gène familial encore : son grand-père maternel était peintre, son père peint et sculpte, son arrière-grand-père paternel était doué pour le dessin.

« J'ai conscience que c'est une facilité de pouvoir gagner ma vie grâce aux entreprises familiales tout en continuant à peindre, dit-elle, mais je pense que ce choix dépasse l'aspect matériel, il découle de notre histoire. Quand j'étais gamine, j'entendais mes parents parler constamment de leur entreprise, même à table. Nous avons grandi dans une tribu dont tous les membres adultes travaillaient dans le groupe. À présent que j'y travaille à mon tour, je me rends compte que je ne vois pas mon père comme mon patron. Il reste avant tout mon père, et c'est parce que son entreprise lui ressemble que j'ai accepté de collaborer avec lui. Je le considère davantage comme un artiste que comme un chef d'entreprise, même s'il a un talent pour fédérer les gens et les entraîner dans des projets qui peuvent parfois sembler irréalistes. Il a les défauts de ses qualités : comme tout artiste, c'est un impulsif, un passionné, avec des rythmes cycliques et des périodes de doutes où, quand il s'interroge, mieux vaut ne pas le déranger ! Il a aussi une conscience de ce qui est essentiel, ravivée par un accident cardiaque en 2003 : il a appris à lever le pied pour les petites choses et à concentrer son énergie sur les projets qui lui tiennent à cœur. Finalement, ce qui me rend fière n'est pas la réussite matérielle de mon père, mais le fait qu'il considère qu'il n'est pas sur Terre seulement pour le "business" et s'investit personnellement dans des projets humanitaires et écologiques. Je suis heureuse quand certains de ses collaborateurs me disent qu'ils sont fiers de travailler avec lui. Cependant, il est difficile pour nous trois de nous faire un prénom et de trouver notre identité. C'est pourquoi je le ferai à l'extérieur, avec mes tableaux, dans un milieu résolument différent. Mes amis peintres, notamment anglais, connaissent Noémie la peintre et pas Noémie fille et petite-fille de… »

« Définir mon père en une qualité et un défaut ? réfléchit Aurélia. Je dirais… rêveur au sens de "créatif" pour la qualité, et rêveur au sens d'"irréaliste" pour le défaut. Il présente un mélange assez étrange d'optimisme et de pessimisme, le pessimisme prenant le pas lorsqu'il est fatigué. Son humeur est très sensible à son environnement et il a besoin de se protéger des agressions. En tout cas, je suis reconnaissante à mes deux parents d'avoir su respecter les personnalités si différentes de leurs trois enfants tout en nous donnant un socle de valeurs pour nous construire : respect de l'autre, travail et sens moral. »

UN AMI D'ENFANCE

Leurs deux familles étaient liées. Philippe Boucher et Daniel se sont connus dès l'enfance mais à l'époque Philippe, plus jeune, était davantage l'ami de Jacques Rocher, le frère cadet de Daniel.

« On se retrouvait pour les grands événements de la vie, se souvient-il, les communions, les mariages, les enterrements... Je jouais avec Jacques, mais je n'osais pas trop m'approcher de Daniel qui appartenait au clan des "grands". À l'adolescence, il était un peu sauvage, il n'avait que quelques amis intimes et pourtant je le voyais comme un chef de bande, un corsaire. Pas un pirate, un corsaire capable de courir l'aventure pour la bonne cause. S'il n'avait pas été chef d'entreprise, je l'aurais bien imaginé médecin ou chirurgien dans les pays pauvres. »

Les deux jeunes gens se rapprochent en 1978 lorsqu'ils partent ensemble en Belgique pour réorganiser les réseaux de vente par correspondance du groupe. Daniel travaille beaucoup et fait de constants allers et retours entre la Belgique et la France, où vit sa famille.

« Il connaît le marketing et les chiffres, il a une vraie compétence de gestionnaire, estime Philippe Boucher, mais je le considère plus comme un artiste que comme un homme d'affaires. Je suis même persuadé que c'est compliqué pour lui de devoir concilier les impératifs économiques et comptables avec ses idéaux humanistes. Il sait le faire, il le fait bien, mais il n'aime pas les contraintes économiques... »

En 2003, Philippe est victime d'un accident vasculaire cérébral qui le laisse handicapé. Immédiatement informé,

Daniel met à la disposition des proches de son ami un taxi qui leur permet d'aller facilement le voir à l'hôpital. Lui-même, pendant les jours où Philippe oscille entre coma et conscience, organise avec les collaborateurs des laboratoires Jouvance un « tour de visite » afin que chaque jour Philippe ait quelqu'un à son chevet pour lui parler et stimuler ses capacités de récupération. Daniel se rend régulièrement auprès de son ami, et, cinq ans après, continue à prendre de ses nouvelles presque quotidiennement.

« Il ne m'a jamais laissé tomber malgré ses occupations, alors que j'ai traversé des mois très difficiles où j'avais énormément de mal à parler et à me déplacer, où je me sentais très diminué. J'ai beaucoup apprécié cette fidélité, cette loyauté en amitié. »

La même année, Daniel est à son tour victime d'une grave alerte cardiaque qu'avait pressentie Philippe, avec cette sorte de télépathie que donne une amitié de longue date. Il s'en remet de justesse, mais l'expérience constitue pour lui un déclic. Il réalise sa fragilité et l'erreur qu'il y a à remettre toujours les choses au lendemain comme si l'avenir était acquis, à se laisser déborder par des contraintes inutiles. Cette alerte est le point de départ d'une remise à plat de ses objectifs.

Parmi les projets essentiels, il y a celui d'un centre de soins polysensoriels en milieu hospitalier. Pendant sa convalescence, Philippe Boucher est allé plusieurs fois au centre de thalassothérapie de Pornichet où il a constaté les bienfaits de l'eau et des massages. L'eau le tonifie, il réussit à y faire quelques pas, les massages apaisent ses douleurs. Daniel Jouvance est depuis longtemps convaincu que ces soins non thérapeutiques peuvent stimuler les capacités de défense de l'organisme.

« Il m'a demandé de m'occuper de ce projet avec lui, dit Philippe, et cela m'a sorti de mon isolement de malade. J'ai discuté avec de nombreux responsables de centres de rééducation, des médecins, des kinés… Fin 2007, la décision a été prise de monter une salle pilote au centre marin de Pen-Bron, en Bretagne, dont nous avons rencontré le médecin chef. Daniel prend en charge le financement et je vais aider à la mise au point du protocole de soins en les testant sur moi. Si les résultats sont probants, il est probable que d'autres salles seront installées ailleurs. Je suis heureux de ce projet. C'est important quand on a subi un grave accident de santé de ne pas être mis à l'écart et que quelqu'un vous fasse confiance. C'est une preuve d'amitié encore plus forte que les coups de fil ou les visites. »

MA PASSION DE LA MER

L'INTUITION DU PLANCTON

Depuis l'enfance, la mer fait partie de moi ; j'aime ses manifestations houleuses et fortes autant que la plénitude d'un lagon où viennent pondre les tortues marines. J'ai eu très tôt la conviction qu'elle est notre source de vie essentielle, un ballon d'oxygène pour une planète étouffée par les pollutions, un lieu de ressourcement où s'expriment des valeurs fondamentales. Ce n'est pas un hasard si les navigateurs solitaires sont devenus des héros modernes et des exemples de détermination et de liberté. Pas un hasard non plus si tant de personnes, lorsqu'on leur demande d'exprimer un rêve, parlent de « faire le tour du monde en bateau » ou d'aller vivre sur un littoral préservé.

Poissons, ascendant Poissons, je suis un ovni aquatique dans une famille de Bélier ! Néanmoins nous sommes tous bretons. Cela ne signifie pas que nous sommes marins dans l'âme – à l'origine le Breton est plus rural que navigateur – mais implique une familiarité quotidienne avec l'eau bénéfique ou maléfique. J'ai découvert ces deux états de l'eau dès l'âge de 5 ou 6 ans, avec mon grand-père qui m'emmenait pêcher. Sur les rivières, j'aimais le silence de l'aube, lorsqu'on ressent intensément le moindre mouvement de la nature. Je me sentais en totale sécurité dans ce calme, en harmonie avec les éléments. Mon grand-père ne parlait pas beaucoup, mais par des gestes et des regards il me faisait partager énormément de choses. Il lui arrivait aussi de m'emmener en mer. Nous partions avant la levée du jour. Je me souviens de ce monde d'hommes de la mer où la force de l'élément conditionne tous les mouvements, où le froid du petit matin pénètre jusqu'aux os, où les ordres brefs et précis claquent dans le vent. Je me souviens de ces retours au port à l'aube naissante, le bateau poursuivi par une horde d'oiseaux. Je me souviens de cette lumière très particulière des étoiles dans le ciel pâlissant. Certaines nuits, la surface de l'eau étincelait. C'était la saison où le plancton luminescent se reproduit et peut s'étendre sur des hectares. Je me souviens de mon émerveillement devant cette brillance magique. On m'expliquait que le plancton, constitué d'organismes et d'algues microscopiques, était la nourriture des énormes baleines. Cela me fascinait que des éléments aussi petits puissent être aussi nourrissants ! De là me vient peut-être la conviction que le plancton, mieux que tout autre aliment, permettra de vaincre la faim dans le monde. Influencé par les livres de science-fiction de l'époque, où l'on imaginait que les hommes de l'an 2000 se nourriraient avec des pilules hyper nutritives, je rêvais de fabriquer ces pilules très concentrées avec du plancton. C'est une des rares prévisions de la science-fiction qui n'a pas été réalisée et je m'en réjouis, pour des raisons gastronomiques ! En revanche, je ne perds pas de vue l'idée que la solution aux problèmes de nutrition de l'humanité se trouve dans la mer, sous forme de compléments alimentaires à base d'algues. Les microalgues planctoniques sont la base des soins cosmétiques Daniel Jouvance mais, en fait, je suis passé très près de l'agroalimentaire marin, et il n'est pas dit que j'y ai renoncé !

Un souvenir d'enfance me revient : j'ai 8 ans ou guère plus, mes parents m'ont offert un petit bateau en plastique dans lequel j'entasse mes trésors, des billes, des petites voitures, des galets. Ma mère m'emmène jouer sur la plage, je fais naviguer mon bateau lorsque, soudain, une vague l'emporte. Il coule, engloutissant dans son naufrage tous mes trésors. En quelques secondes, je réalise que ces vagues dans lesquelles j'aime tant jouer peuvent être dangereuses. Pour remplacer mon beau bateau, j'essaie de m'en fabriquer un autre avec des bouts de bois, je dessine des maquettes, et sur la plage je guette les vagues dans l'espoir qu'elles me rapporteront mes trésors. En vain… Un jour, lors d'une fête au village, le premier prix de la tombola est une maquette en bois, un magnifique drakkar ! Je joue, je perds, et je renonce enfin à mon bateau et à mes trésors. J'ai appris le détachement !

Des années plus tard, en 1980, quand je crée la marque Daniel Jouvance, je décide de faire de ce plancton qui m'émerveillait tant quand je le voyais briller à la surface de l'eau le principe premier de mes produits. Mais pour cela, j'ai besoin de mieux connaître le milieu marin. Il me semble inconcevable de piocher dans un milieu naturel sans en connaître les règles de fonctionnement.

DES HOMARDS À L'ECLOSARIUM

À la fin des années soixante-dix, Joël Lorec, biologiste marin, dirigeait une association de marins pêcheurs menant des opérations de gestion et de repeuplement des fonds marins. Sur l'île d'Houat au large de Quiberon, une écloserie de homards qui nécessitait la culture de grandes quantités de plancton riche en vitamines et en oligoéléments avait été créée. Cependant cet élevage était financièrement lourd à supporter et il apparaissait urgent de trouver une nouvelle orientation complémentaire et économiquement viable. Joël Lorec, persuadé que les microalgues planctoniques avaient des propriétés intéressantes, avait envoyé un dossier à plusieurs sociétés pour leur proposer de valoriser cette biomasse marine. Ce courrier venant d'Houat tombait très bien, car à l'époque je réfléchissais à l'idée de créer une gamme de cosmétiques à partir de deux éléments marins : l'eau de mer et le plancton. Je voulais ainsi unir deux expériences qui avaient en leur temps révolutionné la vision du monde marin. Les travaux de René Quinton prouvant, en 1897, l'analogie de l'eau de mer avec le plasma sanguin[1] m'avaient passionné – aujourd'hui, ils sont tombés dans les oubliettes de la mémoire. L'eau de mer revisitée donnerait quelques années plus tard, grâce à l'opiniâtreté des équipes scientifiques de nos laboratoires, une eau marine spécifique, l'eau physiomarine, cœur de notre cosmétique. Quant

1. Le docteur Quinton avait remplacé le sang d'un chien par de l'eau de mer diluée, et celui-ci avait survécu.

au plancton, il m'intéressait au plus haut point depuis l'expérience d'Alain Bombard et le récit qu'il avait fait de son périple en solitaire. Naufragé volontaire, il avait dû sa survie à l'absorption journalière du plancton qu'il récupérait chaque matin. J'ai eu l'occasion des années plus tard de m'entretenir avec lui sur cette expérience : il m'a confié que cette alimentation riche mais très peu variée a eu une influence toute sa vie sur son sommeil ! Lors d'un de nos déplacements j'avais d'ailleurs été étonné par la rapidité de sa mobilité, ayant même peine à le suivre… Mais je reviendrai sur notre rencontre un peu plus tard.

Le docteur Pierre Ricaud, avec qui je travaillais sur mon projet de cosmétiques à base d'actifs marins, m'avait parlé du dossier envoyé d'Houat par Joël Lorec. L'idée de cultiver du plancton sur l'île d'Houat, réminiscence de mes navigations nocturnes avec mon grand-père, m'a immédiatement séduit. J'ai donc décidé d'aller voir sur place. C'est un moment si important dans ma vie que j'ai conservé des photos de ma première rencontre avec Joël Lorec, et le double de sa lettre de motivation datée d'il y a plus de vingt-cinq ans !

Intuitivement, j'ai décidé de sélectionner six ou sept souches de plancton parmi celles cultivées à l'écloserie et de les incorporer à une base cosmétique. Bonne pioche : au cours des tests, l'une d'entre elles s'est révélée un excellent booster cellulaire. Il ne restait qu'à construire une gamme autour de cet actif.

Joël et moi nous sommes réunis à de nombreuses reprises pour élaborer mon projet phare, l'Eclosarium, conçu à la fois comme un centre de recherche sur les microalgues, un lieu de production en culture contrôlée et un espace de sensibilisation du grand public à la mer et au plancton. Approche globale que l'on peut résumer par « comprendre-faire-faire savoir ». L'activité de recherche doit permettre de comprendre comment fonctionne le milieu marin, comment se développe le phytoplancton en milieu naturel, puis d'utiliser ces connaissances pour faire de la culture en milieu protégé. La culture contrôlée consiste à offrir aux microalgues des conditions optimales pour leur croissance, et, en faisant varier divers paramètres (température de l'eau, lumière, teneur en minéraux) sans brutaliser leur métabolisme, à orienter celui-ci vers la synthèse de molécules biologiquement intéressantes. Sur un plan écologique, la culture contrôlée permet d'éviter les perturbations du milieu naturel provoquées par le prélèvement en quantités industrielles du phytoplancton. On limite d'ailleurs celui-ci à quelques centilitres d'eau de mer par souche sélectionnée. Quant aux souches cultivées, elles ne retournent jamais dans la mer, pour ne pas risquer de perturber l'équilibre du milieu. Enfin, l'espace visitable de l'Eclosarium, sorte d'écomusée, doit sensibiliser le public à l'importance des algues et du plancton pour le milieu marin mais aussi pour la préservation de la planète.

Il a fallu que je convainque le groupe Yves Rocher de l'intérêt de ce projet novateur, et j'ai surtout dû vaincre les résistances locales. Difficile, même lorsqu'on est breton, de se faire accepter par les habitants d'une île bretonne sans être perçu comme un envahisseur. Joseph Le Yaric, maire d'Houat à l'époque, a tout de suite proposé son soutien pour réaliser ce projet, mais il a fait plus que cela, il m'a aussi offert son amitié. Il m'a aidé à apaiser la méfiance des insulaires qui se demandaient si ce nouveau venu était là pour servir Houat ou s'en servir, comme me l'avait dit si gentiment le curé de l'époque en guise de bienvenue. Il m'a bien sûr fallu prendre en compte les revendications des employés de l'élevage de homards, angoissés à la perspective de voir leur entreprise fermer. Les discussions ont été longues, les négociations délicates. Plusieurs fois, le projet a été sur le point de capoter, mais j'ai poursuivi les entretiens. Je ne voulais pas passer en force, car je suis persuadé que le pouvoir du chef d'entreprise, comme de n'importe quel chef d'ailleurs, doit s'appuyer sur l'adhésion des salariés si on veut travailler efficacement. À la notion de pouvoir, je préfère celle d'adhésion.

« Daniel Jouvance est très attaché à la cohésion du groupe et curieux de ce que les autres pensent et font, confirme Joël Lorec. Je dirais même que c'est un affectif, qui a envie et besoin de travailler avec des gens qui fonctionnent comme lui. Certains vous diront que c'est un défaut. Pour moi c'est une qualité. Il reste le patron – il a d'ailleurs beaucoup de mal à déléguer, même quand vous avez toute sa confiance – mais en même temps je le considère comme un ami depuis vingt-cinq ans. C'est rare de pouvoir conjuguer l'amitié et le travail, y compris dans les rapports hiérarchiques, sans que cela parasite la relation ! »

Aujourd'hui, l'Eclosarium, toujours dirigé par Joël Lorec, emploie une petite équipe de chercheurs et de stagiaires, qui s'enrichissent des informations venues du réseau de chercheurs universitaires constitué au fil des années et des missions scientifiques. Joël Lorec et son équipe résident sur l'île car les liaisons avec le continent ne sont pas faciles, entre les aléas des tempêtes et les marées qui assujettissent les horaires aux caprices de la mer. Le soir, quand les visiteurs et les chercheurs de l'Eclosarium sont partis, l'endroit ressemble davantage à une salle d'art contemporain qu'à un centre de recherche. Sous la lumière douce qui les baigne en permanence, les cultures d'algues prolifèrent dans d'immenses colonnes transparentes emplies d'eau de mer enrichie, donnant à celle-ci des couleurs étonnantes, du vert clair teinté de jaune à l'émeraude le plus profond, en fonction de l'algue et de son degré de développement. Certaines algues ont des reflets roses, fauves, dorés… La richesse du plancton apparaît magnifiée, et encore ne cultive-t-on ici qu'une vingtaine d'espèces sur les centaines, voire les milliers que recèlent les mers du globe.

« Une de mes préoccupations est de renouveler et enrichir l'algothèque, dit Joël Lorec. Je participe évidemment aux missions scientifiques Auracéa, et j'entretiens des contacts avec des laboratoires du monde entier qui travaillent et publient sur les algues pour retenir des souches susceptibles d'avoir des propriétés intéressantes. J'ai également un rôle de "remue-méninges" pour Daniel Jouvance. D'où la création du comité scientifique où se réunissent des spécialistes de la mer pas forcément algologues. C'est une approche globale de la mer, plus écologique que biologique.

« Frotter des cerveaux entre eux pour qu'en jaillissent des étincelles, c'est un peu l'obsession de Daniel Jouvance. Il aime provoquer des rencontres insolites, faire dialoguer scientifiques et artistes, médecins et aventuriers, observer le savoir-faire des pêcheurs d'une île du bout du monde autant que discuter avec les populations locales lors des missions.

« Lorsque nous sommes arrivés au Yémen sur l'île de Socotra, nous avons été encerclés par des villageois armés de kalachnikovs, se souvient Joël Lorec. Le chef du village semblait hostile sans que l'on comprenne pourquoi. Daniel est allé parlementer avec eux, aidé par un interprète. Ça s'est arrangé sans que l'on comprenne davantage comment ! »

Souvenir moins exotique, l'une des missions scientifiques, délaissant les eaux tropicales, s'était amarrée sur l'île d'Houat en intégrant dans l'équipe des jeunes venus de quartiers défavorisés de la région parisienne, pour leur faire découvrir la nature sur le terrain. La confrontation des insulaires bretons avec ces adolescents souvent déracinés sur un plan familial ou personnel avait créé des rencontres intéressantes mais délicates à gérer.

« C'est la difficulté d'avoir un leader atypique, capable de partir dans tous les sens et de courir plusieurs lièvres à la fois. Daniel est un créatif qui produit dix idées par jour dont une ou deux seulement aboutiront, loi quasi statistique. Mais comme il est le patron, certains foncent tête baissée et sont ensuite tout déconcertés lorsqu'ils s'aperçoivent, quelques semaines après, qu'il est passé à autre chose. C'est parfois fatigant, mais plus stimulant que de travailler dans une entreprise incapable d'inventer ou d'innover, où il faut attendre des années pour qu'un projet soit examiné. Ici, on a beau faire partie d'un grand groupe, on fonctionne comme une PME, avec une souplesse et une réactivité rares, et un bouillonnement intellectuel qui préserve de la routine. Cinq ans, parfois dix ans en avance sur les autres, Daniel part sur des idées neuves. Il s'est passionné pour l'énergie solaire et la gestion de l'eau bien avant que ce soit à la mode ! À nous d'apprendre à canaliser ses enthousiasmes quand ils nous semblent irréalistes. »

AVENTURES SCIENTIFIQUES

À mes débuts, je ne connaissais de la mer que ce que mon intuition et quelques lectures m'avaient appris sur le sujet : l'eau de mer représente 93 % de l'eau existante et les océans couvrent 70 % de la surface du globe. Ils sont le véritable poumon de la planète, bien supérieur à la forêt amazonienne, grâce au plancton qui absorbe le CO_2 et fabrique l'essentiel de l'oxygène disponible. Si le plancton est menacé par les activités humaines, c'est toute la Terre qui en souffrira. Le CO_2 sera moins bien absorbé et le réchauffement planétaire s'accentuera. Je l'avoue, aujourd'hui c'est une de mes préoccupations : faire reconnaître le rôle essentiel de la mer, et plus particulièrement du plancton, dans le cycle de production de l'oxygène de notre planète.

Au fil des années et de mes contacts avec les chercheurs, ma vision de la mer s'est peu à peu transformée. Alors qu'au départ j'avais un intérêt plutôt biologique pour elle, en tant qu'immense réserve de molécules qu'il convenait d'étudier, j'ai désormais une vision plus globale, proche de l'idée selon laquelle « un battement d'aile de papillon d'un côté de l'océan peut provoquer un raz de marée de l'autre ». Un exemple : le réchauffement des eaux tue des microalgues indispensables à la survie des coraux, ce qui va raréfier la quantité de poissons vivant en symbiose avec les coraux, puis les prédateurs de ces poissons, et au final perturber l'ensemble de la chaîne alimentaire. La quantité excessive de CO_2 que doivent absorber les océans acidifie les eaux et cette acidification attaque le calcaire des coraux. Or, sans récifs de coraux pour atténuer la force des vagues, que deviendront les îles livrées à la montée des eaux, aux tempêtes et aux tsunamis ? Ces questions théoriques deviennent infiniment plus prégnantes lorsqu'on se rend sur le terrain, et c'est pourquoi je participe personnellement aux missions scientifiques Auracéa aujourd'hui organisées et soutenues par les laboratoires Jouvance.

À l'origine de leur création, il y a eu une discussion avec un ami et proche collaborateur, le docteur Paul-Robert Thomas, au cours de laquelle je lui ai fait part de mes désirs de parcourir les mers à la recherche d'actifs inédits pour le développement de nouvelles gammes cosmétiques. Il m'a alors remis en tête un dossier qui nous avait été transmis par un des membres du comité scientifique. Ce dossier avait été réalisé par un jeune océanographe devenu réalisateur de documentaires scientifiques, Benoît Tschieret. Benoît était vice-président de l'association Ardoukoba qui s'était donné pour mission de vulgariser la connaissance scientifique en organisant des expéditions dans des coins peu explorés du globe afin d'en rapporter des films documentaires. Benoît était chef d'expédition : il devait trouver le lieu, organiser les contacts avec les autorités locales, obtenir toutes les autorisations, prévoir l'hébergement et la nourriture des membres des missions, lister le matériel nécessaire et, bien sûr, trouver de l'argent ! Les expéditions Ardoukoba étaient en partie financées par le CNRS, l'Ifremer et la participation demandée aux chercheurs, mais cela ne suffisait pas. Le hasard, qui n'en est jamais tout à fait un, a voulu que Benoît ait fait un stage à l'écloserie de homards d'Houat alors qu'il était étudiant en sciences. Il y avait rencontré le directeur de la station, Yves Henocq, qui travaillait avec l'Ifremer, et avec qui j'avais eu des contacts lors de mes démarches à Houat pour l'Eclosarium. Yves Henocq a conseillé à Benoît de m'envoyer un dossier. J'ai eu un coup de cœur pour ce projet d'expédition scientifique qui présentait un intérêt réel pour les laboratoires Jouvance, puisqu'il s'agissait de faire un inventaire de la faune et de la flore marines et de trouver d'éventuelles molécules actives. Je suis donc devenu l'un des partenaires d'Ardoukoba et j'ai participé à plusieurs missions qui m'ont permis de découvrir le monde des scientifiques plongeurs, avec des personnalités marquantes comme Alain Couté[1]. Celui-ci assure la coordination scientifique des missions et la responsabilité technique de la plongée avec la rigueur indispensable pour nous assurer le maximum de sécurité dans ces voyages aux conditions parfois rocambolesques. C'est un homme de terrain autant qu'un scientifique de haut vol, aussi à l'aise dans un colloque international qu'en short et baskets sur le pont d'un rafiot au bout du monde. D'ailleurs, lorsque quelques années plus tard Benoît Tschieret a quitté l'association Ardoukoba et que je lui ai proposé de poursuivre avec nous, il a accepté à condition qu'Alain Couté fasse aussi partie de l'équipe.

Les expéditions, devenues « missions Auracéa », nous ont emmenés au Mozambique en 1995, à Socotra en 1998 et aux îles Glorieuses en 2003.

Alain et Joël Lorec définissent la ligne directrice de la mission et établissent le contact avec les chercheurs européens et les chercheurs du pays de destination systématiquement associés au projet. Les premiers ont un domaine précis de recherche : poissons, anémones de mer, coraux, molécules diverses. On leur fait part de la destination choisie pour la mission et ils décident si cela les intéresse ou non, sans qu'aucun thème de recherche leur soit imposé. Les chercheurs locaux, eux, sont particulièrement motivés par le fait de disposer de moyens qu'ils n'ont généralement pas dans leur pays, et nous sommes très preneurs de leur connaissance *in situ* du lieu d'expédition. À la fin de la mission, nous laissons toujours une collection de référence des échantillons récoltés pour que ces scientifiques locaux poursuivent les recherches qu'une expédition d'un mois ne permet pas

1. Cf. *supra* chapitre « Une soirée surréaliste ».

d'achever. Ils restent en contact avec nous et enrichissent notre répertoire de chercheurs.

Benoît Tschieret se charge des repérages sur place et nous travaillons ensemble sur l'organisation matérielle. Nous établissons la liste de tout le matériel nécessaire : congélateurs, bidons étanches, compresseurs, neige carbonique… Benoît contacte des fabricants qui peuvent prêter du matériel de plongée ou des outils scientifiques. C'est ainsi que nous avons bénéficié d'un excellent microscope pour la mission aux îles Glorieuses. Sur le plan médical, le responsable est le docteur Alain Diaz, médecin hyperbare et neurochirurgien qui se déplace avec un bloc opératoire ambulant et tout le matériel d'oxygénothérapie, ainsi qu'avec un stock de médicaments lui permettant de faire face à pratiquement toutes les éventualités, et même de servir de médecin à la population locale, comme c'est arrivé sur l'île de Socotra. Alain est aussi le guitariste du groupe, un boute-en-train et un homme doué d'un humanisme et d'une profondeur remarquables.

Partir en mission avec les scientifiques est un plaisir dont je ne me priverais pour rien au monde. Ils en sont surpris. D'ordinaire les sponsors restent dans leur bureau, de certains on ne connaît pas le visage, à peine le nom. C'est le plus souvent une raison sociale, dont le seul interlocuteur humain est le responsable de communication de l'entreprise, et le « deal », un échange de notoriété et d'argent : le sponsor apporte un soutien financier et profite en retour des retombées médiatiques de l'aventure. Cela fait partie de l'enjeu, bien sûr, les laboratoires Daniel Jouvance ont tout autant besoin de se faire connaître que n'importe quelle entreprise. Mais, à titre personnel, les expéditions scientifiques m'apportent un ressourcement et un bonheur absolus. Leur objectif global est simple : en savoir toujours plus sur la mer, dans tous les domaines. Nous pouvons y rencontrer des algologues, mais aussi des biologistes, des pharmaciens, des écologues, des spécialistes des vertébrés ou des invertébrés pélagiques et parfois même des géographes et des climatologues.

Les chercheurs intéressés par ce genre de missions font partie de la communauté assez restreinte des scientifiques plongeurs, passionnés par la recherche sur le terrain. Ils ont une curiosité insatiable ! J'aime leur capacité à s'émerveiller et à toujours se poser de multiples questions : « Pourquoi le corail vit-il si longtemps ? » « Comment les algues résistent-elles au soleil et au sel ? » « Que se passe-t-il si le milieu marin devient plus acide, plus basique, ou plus chaud ? » « Comment se déplacent les masses d'eau d'un bout à l'autre de l'océan ? » Ils ont une vision systémique des choses, ils sont intéressés par l'organisation du milieu ou le fonctionnement du génome avant de penser à puiser dans ce milieu ou à manipuler des gènes, ils savent démêler les dépendances entre les organismes... En résumé, ils ont le respect de la vie, au sens le plus noble et le plus complet du terme, ce qui est primordial pour notre avenir.

Partir en expédition avec eux, c'est vivre quinze jours en compagnie d'hommes[1] passionnants, qui n'ont que faire du paraître. Je suis lucide : au sein de leurs laboratoires ou dans les comités de rédaction des revues scientifiques, il doit y avoir autant d'ambition et de batailles d'ego qu'ailleurs, mais sur le terrain, ces hommes hyper diplômés et reconnus se contentent de conditions de vie spartiates, voire difficiles... Nous dormons dans des campements sommaires aux commodités souvent rudimentaires. En revanche, chacun dispose d'un ordinateur et de matériel scientifique de qualité, et cela seul leur importe. Leur plaisir, c'est de chercher, découvrir, échanger... Une véritable bouffée d'oxygène ! Il faut voir leur jubilation lorsqu'ils rapportent des échantillons inconnus à

1. Plusieurs femmes ont participé aux missions Auracéa mais elles restent très minoritaires, ce qui correspond au rapport hommes/femmes dans la communauté scientifique.

l'issue d'une plongée, leur façon de partager cela avec tout le monde, comme des gamins qui se montreraient leurs trésors. Plusieurs spécimens ont été découverts lors de ces missions, comme, par exemple, au Yémen, une éponge inconnue et une microalgue qui a été baptisée *Auracea*. Des publications ont été faites sur des organismes unicellulaires à risques toxiques. Certains actifs marins isolés lors de ces missions sont en cours d'étude pour évaluer leur pouvoir thérapeutique. On ne demande pas aux participants que leur thème de recherche ait un lien avec les cosmétiques ou le plancton. En revanche, de mon côté, je me concentre évidemment sur les microalgues qu'étudient Joël Lorec et Alain Couté.

Au fil des années, à force de partir ensemble, nous avons tissé un réseau d'amitiés marines. Lorsque Joël Lorec, à l'Eclosarium, a besoin d'un renseignement précis sur une algue, il n'a qu'à ouvrir son carnet d'adresses : il y trouvera toujours un chercheur capable de lui répondre ou de l'aiguiller sur *le* spécialiste de la question. Ils sont très disponibles, parce qu'ils aiment communiquer leur savoir et nous connaissent personnellement, je dirais presque intimement. Partager des moments durs comme ceux de la mission Socotra dont j'ai parlé au début de ce livre a soudé les liens entre nous. Partager des instants heureux aussi. Ces missions sont l'occasion, pour les chercheurs autant que pour moi, de renouer avec une ambiance de camaraderie joyeuse. Je suis fasciné par leur capacité à se concentrer sur leur travail avec une compétence et une rigueur incroyables, puis l'instant d'après à faire les clowns, jongler avec des boîtes de conserve ou encore improviser des blagues de potaches... Nous avons tous en tête des souvenirs de lieux extraordinaires, de nature riche et grandiose, mais aussi d'intenses moments d'amitié et de soirées chaleureuses qui font que, désormais, lorsque Alain Couté écrit aux chercheurs qu'une nouvelle mission est en projet, il n'a pas à attendre longtemps les candidatures !

MON PANTHÉON PERSONNEL

Outre les chercheurs des missions Auracéa et les membres du comité scientifique que j'ai constitué, dont certains viennent aussi en mission, j'aime rencontrer des spécialistes de la mer qui la côtoient à d'autres niveaux : navigatrice comme Catherine Chabaud, aventurier comme Alain Bombard, plongeurs comme le commandant Cousteau et Loïc Leferme, aventurière marine du début du siècle comme Anita Conti, écologue comme le professeur Yves Le Gal, architecte comme Jacques Rougerie, historien comme Christian Buchet. Certains m'ont particulièrement marqué, ils ont une importance qui me pousse à les inscrire dans ce que j'appelle « mon panthéon personnel ».

D'abord Alain Bombard, dont j'avais dévoré le livre *Naufragé volontaire* lorsque j'étais adolescent. Il a été très attaqué à la suite de ce livre et en a été profondément blessé. Il a quand même prouvé, en y investissant son argent et sa santé, l'importance nutritive du plancton ! Nous avions beaucoup discuté lors d'une conférence où je l'ai rencontré. C'était un homme intelligent, véloce, rapide dans sa pensée. Plus que sur le milieu marin, il m'a beaucoup appris sur les « requins terrestres », les hommes et la méchanceté humaine lorsqu'elle se nourrit de jalousie et de médisance. Je lui avais adressé le manuscrit de mon livre *Au nom de la mer*, qu'il m'a très généreusement aidé à peaufiner en me dispensant ses conseils sans compter.

Avec le commandant Cousteau, les rapports étaient différents. Notre dernière conversation tournait autour du plancton, de l'Afrique et du devenir de la planète. Nous y avions évoqué la création d'un « comité des sages » qui aurait été chargé d'influer sur les actions humaines afin de préserver notre planète bleue. Notre idée était de constituer une force humaine basée sur les principes de non-violence et de don de soi hérités de l'action de Gandhi, allant jusqu'à prôner dans les moments ultimes des grèves de la faim généralisées pour faire plier l'arrogance de certains. Utopie née de l'effervescence de cette rencontre. J'avais aussi plusieurs fois discuté avec le commandant Cousteau de ses expéditions et cherché des fonds pour la *Calypso 2*. Cousteau était un explorateur autant qu'un inventeur, à qui on doit d'avoir popularisé le scaphandre autonome grâce auquel la plongée avec bouteilles est devenue accessible. Il a également inventé le turbo voile, qui permet d'économiser 30 à 40 % d'énergie, invention qui prend toute sa dimension face au développement du transport maritime et à la crise énergétique actuelle. Au moment de son décès, j'étais au Brésil à Curitiba, ville écologique et humaniste où Cousteau a créé une fondation. À l'instant précis où je passais la porte du siège de cette fondation, on nous a annoncé qu'il venait de mourir…

Cousteau est beaucoup critiqué *post mortem* et c'est parfois justifié, mais je n'oublierai jamais qu'il a permis à toute une génération de découvrir les merveilles du monde sous-marin et contribué ainsi à bien des vocations scientifiques. Il est étonnant de penser que cet homme nous laisse au final un héritage basé sur l'air et sur le vent, l'un pour aller sur les mers, l'autre pour parcourir les océans de manière plus écologique. J'espère que cette dernière découverte à laquelle théoriquement Mme Francine Cousteau nous avait associés verra son importance un jour reconnue.

J'ai aussi eu la chance de rencontrer la première femme océanologue, Anita Conti, une exploratrice d'une énergie incroyable, à la fois scientifique, photographe et humaniste. Elle a exploré toutes les mers du globe sur des bateaux de pêche, souvent seule femme au milieu des marins qu'elle photographiait. Son art, c'était de montrer la symbiose entre l'homme et la mer, l'attachement des hommes aux océans, qui pourtant les malmènent parfois rudement. En quelques clichés, elle savait saisir un regard, un détail du cargo, un paysage, et tout était dit. Cette grande dame qui a ébloui ses visiteurs par sa vivacité d'esprit a malheureusement passé ses dernières années dans un dénuement extrême. Son ami nous a appelés un jour pour nous dire qu'Anita était au plus mal. Je suis parti à Fécamp lui rendre visite. Trois jours plus tard, elle mourait, à l'âge de 98 ans. Je garde précieusement le brouillon manuscrit d'une lettre que le commandant Cousteau avait rédigée à l'attention d'Anita Conti. Sachant les liens qui m'unissaient à cette dernière, Francine Cousteau me l'a remise quelques semaines après son décès. Souvenirs, souvenirs…

Autre grande référence, James Lovelock, dont l'hypothèse « Gaïa », même si elle a donné lieu à des interprétations diverses, a le mérite de considérer la Terre comme un organisme en soi, dont les écosystèmes sont interdépendants et dont les soubresauts sont des avertissements pour les humains. Cette vision quasi philosophique a largement fait évoluer mon regard sur la vie et sur la façon dont nous sommes responsables non seulement de ce qui nous arrive à titre personnel, mais aussi des conséquences en cascade de nos actes. C'est une position morale – ne pas nuire aux autres par nos agissements – mais également exaltante car elle nous donne le pouvoir d'influer sur le cours des événements ou de le modifier. Imaginons que nous cessions tous d'utiliser notre voiture ne serait-ce qu'une fois tous les dix jours, cela économiserait aussitôt 10 % de carburant et réduirait la pollution.

Loin de la mer mais près de la vie, l'homme que j'admire le plus est certainement Gandhi, que m'a fait découvrir Catherine. C'est une figure exceptionnelle, parce qu'il a démontré que la force de la conviction était capable de s'opposer à la violence et de faire changer les choses. L'activisme non violent, pacifique, c'est fabuleux !

Dans ce panthéon, j'ajouterais l'apnéiste Loïc Leferme, hélas disparu en 2007 à l'âge de 38 ans. Il fut pour moi une rencontre aussi intense que brève. *A priori*, je n'avais pas de raisons de croiser ce sportif de l'extrême.

Chaque jour, dans notre service de communication, arrivent des dossiers de demande de financement émanant de toutes sortes de personnes, des explorateurs, des sportifs, des chercheurs, des artistes ou de doux rêveurs dont le point commun est la passion pour la mer. Quelqu'un dans leur entourage leur a dit : « Envoie ton dossier à Daniel Jouvance, c'est un passionné de la mer, il pourrait peut-être te financer. » Or, comme je l'ai déjà expliqué, je ne suis pas un sponsor. Je n'aime pas l'idée d'être le bailleur de fonds d'un projet dans lequel je ne m'investis pas pleinement. Je ne me satisfais pas d'apposer mon logo sur un bateau ou un dossier. Pour m'engager, j'ai besoin de rencontrer les gens et d'adhérer à ce qu'ils sont et à ce qu'ils font.

Une relation commune m'a proposé de rencontrer Loïc Leferme sans autre motif que d'échanger avec lui. Pour diverses raisons cette personne n'était pas libre le jour du rendez-vous et j'ai donc déjeuné en tête à tête avec Loïc. J'ai découvert un homme fascinant pour qui la plongée en apnée était bien plus qu'un sport, un art de vivre basé sur la maîtrise du souffle, la relaxation et la méditation. Loin d'être obsédé par les records, c'était un sportif très humain. Il s'était engagé dans une campagne de la Fédération française de cardiologie sur le souffle cardiaque, il prodiguait ses conseils d'apnéiste chevronné à de petits clubs locaux. Il s'est imposé comme une évidence que nous avions des choses à faire ensemble. Je lui ai demandé de nous aider à mettre au point un rituel de soins basé sur la respiration et le lâcher-prise. C'est là que j'ai pu apprécier sa dimension intellectuelle, je dirais même philosophique. Loïc, pour moi, était comme un frère, un frère que je venais de retrouver.

Un sentiment étrange me liait à lui, comme si nous savions que nos vies étaient d'une grande précarité. Il était au courant de mes faiblesses physiques et j'étais au courant des risques qu'il prenait lors de ses plongées. Nos vies se retrouvaient mêlées dans ce grand océan du destin. Ni frères de lait, ni frères de sang, mais frères d'océan à jamais, nous nous étions retrouvés, quelques jours avant sa dernière plongée, dans le spa du Mas d'Artigny que je venais tout juste de terminer. Nous avions décidé de profiter de la présence de G., un ami photographe, pour faire quelques photos ensemble, malheureusement les dernières. Il m'a initié lors de cette séance à la maîtrise de la respiration. Je ne peux regarder la vidéo qui a été tournée durant cette journée qu'avec un immense vague à l'âme. Sa mort accidentelle à l'entraînement m'a causé un grand choc. C'est une mort imméritée, Loïc était un homme prudent et posé. J'ai réalisé à quel point la vie est fragile, même pour un athlète de cette envergure... Ce décès a renforcé mon désir de m'investir davantage dans le changement de société dont je rêve, en me faisant prendre conscience qu'il ne faut pas attendre pour concrétiser ses idées.

Je terminerai ce panthéon personnel par un homme rencontré dans les années quatre-vingt, Jacques Rougerie, architecte de la mer. Nous avons eu une sympathie immédiate l'un pour l'autre. À l'époque, il travaillait sur l'*Aquaspace*, un trimaran à la coque transparente avec lequel il a traversé l'Atlantique en 1985. En 1984, il m'a proposé, ainsi qu'à mon frère Jacques, d'aller de la Bretagne à La Rochelle à bord de ce voilier extraordinaire. Quelques années plus tard, nous avons travaillé ensemble sur le projet « mission Oxygène ». Jacques Rougerie ainsi que son adjoint, mon ami Jacques Hirou, avaient dessiné *Ocean Observer*, l'habitat sous-marin dérivant à bord duquel Guy Delage a passé seul deux semaines pour étudier les courants et la faune pélagique et recueillir des échantillons de plancton. Cette expérience humaine fut l'une des plus dures que j'ai eu à gérer, comme je le raconterai plus loin[1], mais elle m'a permis de consolider mes liens avec Jacques Rougerie. Nous n'avons pas fini de rêver ensemble car son approche du monde marin est faite d'harmonie et de douceur, comme la mienne. Ses projets de villes sous-marines rejoignent mes désirs de bases de vie marines.

1. Cf. *infra* chapitre « Instantanés de voyage ».

« SAIT-IL QUE JE SUIS SON AMI ? »

Au début des années quatre-vingt, Jacques Rougerie, jeune architecte passionné par ses projets d'habitats et de villages sous-marins, reçoit un coup de fil de Daniel Jouvance. Celui-ci souhaite créer une gamme de soins cosmétiques à base de microalgues planctoniques et estime indispensable de mener au préalable une réflexion globale sur la mer, avec des spécialistes venus d'horizons très divers.

« La démarche m'a intrigué, reconnaît Jacques Rougerie, c'est pourquoi j'ai accepté cette rencontre. Je m'attendais à voir "le fils d'Yves Rocher" que j'imaginais comme un jeune chef d'entreprise aux dents longues. Quand je suis entré dans son bureau, j'ai été frappé par son regard turquoise, un regard d'homme de la mer, comme Tabarly ou Kersauson, un regard qui voit loin dans l'espace et le temps. Il y a eu entre nous un feeling immédiat, comme si nous nous reconnaissions de la même "tribu". J'ai été séduit par sa spontanéité, sa simplicité et surtout une curiosité insatiable pour tout ce qui touche à la mer, pas seulement comme réservoir de molécules intéressantes, mais comme source de bien-être, de vitalité et de bonheur. Visiblement, depuis l'enfance, il a décidé que son existence serait guidée par la mer. J'ai aussi senti que ce jeune homme avait envie de se démarquer de son père, non pour le renier, mais pour trouver sa propre identité. Au sein d'une famille bretonne solide comme un… rocher, Daniel est l'élément atypique, un peu visionnaire, capable d'avoir ce petit grain de folie qui rend créatif mais peut aussi gripper les rouages d'un groupe comme celui auquel il appartient. Il m'a semblé parfois écartelé entre sa soif de liberté et le poids du groupe, de la famille.

« Pendant plusieurs années nous nous sommes vus assez régulièrement : j'ai découvert son monde, il a appréhendé le mien et je lui ai fait partager l'aventure de l'*Aquaspace* avec son frère Jacques. Vers 1988, Daniel m'a demandé de participer comme architecte à la réalisation de ses centres de thalassothérapie avec Jacques Hirou. L'idée de “bases marines”, voire sous-marines, dédiées au bien-être physique et mental l'a toujours taraudé. Malheureusement, j'affrontais depuis quelque temps la faillite de mon agence, ruinée par l'*Aquaspace*, et je traversais ces moments difficiles comme tout bon Breton : en faisant l'huître. Chez nous, on ne se plaint pas, on se tait et on se renferme. J'ai donc décliné son offre et nous nous sommes un peu perdus de vue.

« En 1996, Guy Delage a rencontré Daniel pour son projet d'engin sous-marin dérivant. Daniel lui a conseillé de s'adresser à moi. Guy Delage n'était pas convaincu, Daniel a insisté, et c'est ainsi que nous avons travaillé ensemble sur *Ocean Observer* à bord duquel Guy Delage a dérivé pendant treize jours. Cette expérience très forte nous a soudés. J'ai pu apprécier la capacité de Daniel à se lancer dans un projet ambitieux avec un mélange d'audace et de pragmatisme, d'intuition et de prudence. Il lance une idée comme ça, comme une brusque inspiration, puis il la mûrit en se documentant, en rencontrant des gens et en dessinant. Cet homme a une caractéristique rare chez un chef d'entreprise : il s'exprime plus facilement en dessinant qu'en parlant !

« Il y a trois ans environ, nous sommes allés ensemble à Essaouira, au Maroc, parce que Daniel voulait réfléchir à une nouvelle conception de centres de soins qui seraient des cités du bien-être basées davantage sur la relaxation, l'art et la méditation que sur la cosmétique. Il cherchait au Maroc un lieu propice au recueillement. Nous avons partagé de longues conversations sur l'art et l'écologie, questions qui nous passionnent tous les deux. Pour ma part, j'ai eu la chance de naître dans un contexte favorable : mon père s'occupait d'environnement, il connaissait Théodore Monod, Paul-Émile Victor et bien d'autres. Au début des années soixante-dix, la conscience écologique était vive en France, il existait des magazines entièrement consacrés à l'écologie au sens large du terme[1]. On y parlait d'environnement, de nucléaire, de pollutions, mais aussi du rapport au travail et de l'écologie urbaine conçue comme une façon plus équilibrée de vivre ensemble. Les maîtres d'alors s'appelaient Ivan Illich et Marcuse. Puis tout ceci s'est estompé au début des années quatre-vingt jusqu'à aujourd'hui où l'écologie revient en France avec un retard fou sur le reste du monde. En Europe, mais aussi au Japon, aux États-Unis et même dans les pays en développement, il se passe un tas de choses au niveau environnemental : on expérimente de nouvelles façons de cultiver, d'autres sources d'énergie, des partages de compétences, des modes de vie moins consommateurs… et les internautes font circuler ces informations à toute vitesse. La France s'imagine être encore un phare de la pensée occidentale alors qu'elle devient un pays retardataire et pessimiste, persuadé qu'il est très difficile de changer ses habitudes de vie. Je suis au contraire optimiste pour l'avenir grâce à mes voyages qui me montrent que le monde bouge et que les gens agissent.

« Pour en revenir à Daniel Jouvance, je pense que la mort de son frère Didier l'a énormément marqué, miné, même s'il a continué à travailler et à faire ce qu'il avait à faire. C'est un moment où il a dû sentir la fragilité de la vie et se poser beaucoup de questions sur le sens qu'il souhaitait donner à la sienne. J'aurais voulu l'aider à ce moment-là, mais je suis trop réservé pour dire les choses facilement. A-t-il su que j'étais là, que j'étais son ami et que j'aurais aimé parler avec

1. L'hebdomadaire *La Gueule ouverte*, le supplément écologique du *Nouvel Observateur Le Sauvage*, *La Hulotte*, etc.

lui de ce qui n'allait pas ? Je ne sais pas. Parfois je me dis qu'on s'est un peu manqués dans notre amitié, et pourtant je le trouve très attachant, hors normes. Il m'apparaît comme un artiste aventurier, un peu à l'étroit dans son costume de chef d'entreprise qu'il doit cependant assumer. Nous sommes tous un peu pareils, tiraillés entre nos aspirations profondes et la réalité qui nous blesse. Depuis la faillite dans laquelle j'ai entraîné des gens que j'aime, j'ai mis une pédale douce à mes rêves. Il faut trouver des compromis sans qu'ils deviennent des compromissions, et je pense que le moment est venu. Nous avons les outils et les technologies pour inventer un mode de vie plus heureux et économiquement équilibré. Il suffit de changer le mental. J'ai particulièrement espoir et confiance dans les enfants et les adolescents, qui savent déjà qu'ils ne veulent pas vivre comme leurs parents. Ils ont senti que la société actuelle peut les rendre heureux mais aussi malheureux, et ils ont conscience que si l'on n'agit pas rapidement, ils seront les héritiers de toutes les erreurs passées. »

ENFANTS DE L'OCÉAN

Un jour, François Gally, membre de l'association Océan-Océan[1] créée pour sensibiliser le public, et notamment les jeunes, aux merveilles de la mer, nous a appelés au bureau. Il venait de découvrir que, sur Internet, les anciens stagiaires de l'association échangeaient des e-mails en s'appelant eux-mêmes « Enfants de l'Océan ». C'était le nom que nous avions donné à notre dernière opération Semaine bleue et qui figurait sur les tee-shirts offerts aux enfants. Certains d'entre eux avaient trouvé leur vocation dans ces stages, et décidé d'entamer des études de biologie marine pour consacrer leur vie professionnelle à la sauvegarde de la mer. Rarement j'ai ressenti autant de fierté à l'idée qu'à ma petite échelle j'avais contribué à sensibiliser les générations futures à l'environnement marin. La mer m'a donné énormément. Depuis des années, je souhaite lui rendre ce qu'elle m'apporte. C'est dans ce genre d'initiatives que cette reconnaissance se concrétise.

Au départ, Océan-Océan organisait des séjours appelés « Semaines bleues », au cours desquels les enfants et les adolescents s'initiaient au monde marin par des voies très diverses. Certains étaient attirés par la plongée sous-marine. Plongée scientifique et non pas plongée sportive, même si ce « sport » reste l'un des plus désintéressés qui soit. Il n'existe pas de compétition de plongée sous-marine avec bouteilles.

1. Association de loi 1901 initiée et créée par les membres du comité scientifique Daniel Jouvance. www.ocean-ocean.org

Dans cette discipline, au contraire de tant d'autres, c'est le plus fragile qui dirige : celui qui a froid, qui n'a plus d'air, qui se sent mal commande la remontée de toute la palanquée[1]. C'est un sport de pure solidarité, comme l'alpinisme d'ailleurs, et sans doute pour les mêmes raisons. Face à la force de la mer comme à la majesté des montagnes, les hommes abandonnent un peu de leur superbe et se souviennent que pour rester forts ils doivent être unis.

Les stages de plongée organisés au cours des Semaines bleues apprenaient aux adolescents à apprivoiser les techniques de plongée en toute sécurité, avec rigueur et méthode. Ils découvraient aussi la richesse de la faune et de la flore sous-marines qu'on leur apprenait à observer sans les abîmer. D'autres enfants, peu motivés par les profondeurs, optaient pour un stage de découverte à bord d'un voilier. Outre la participation aux manœuvres de navigation, ils avaient des activités de sensibilisation au monde marin qui les passionnaient. Pour les uns comme pour les autres, ces stages étaient aussi l'apprentissage de la vie en groupe, avec les contraintes mais également l'enrichissement qui en découlent.

Après quelques années, le succès des Semaines bleues nous a paradoxalement obligés à les faire évoluer. Les réglementations de sécurité sont de plus en plus rigides pour quiconque encadre des jeunes, *a fortiori* dans un milieu réputé dangereux comme la mer, et c'est compréhensible, mais cela devenait trop compliqué et trop coûteux. Nous avons donc demandé à François Gally de réorienter les stages vers l'observation des dauphins. Ce garçon est un passionné des mammifères marins, membre de plusieurs associations qui se consacrent à la défense des baleines et

1. En plongée, le terme « palanquée » désigne un groupe de personnes qui plongent en même temps. S'ils plongent à deux, on parle de « binôme ».

des dauphins. Par ailleurs, depuis *Flipper le dauphin*, cet animal mythique qui semble toujours sourire fascine les enfants et nous étions sûrs que nombre d'entre eux seraient ravis de participer à ce type de séjours : ce sont de vrais stages scientifiques, organisés dans des conditions très strictes pour des jeunes que l'on prétend souvent allergiques à toute forme de discipline. Effectivement ils sont venus, avec une majorité de filles mais de plus en plus de garçons, et très souvent leur motivation première – observer les dauphins – se mue en une authentique sensibilité écologique, comme ils l'expriment très bien :

VINCENT, 13 ANS : « Depuis que je suis tout petit, je rêve de nager avec les dauphins. J'ai fait des recherches sur Internet et découvert les stages Océan-Océan, auxquels j'ai participé en 2006 et 2007. Nous étions une vingtaine, filles et garçons de 12 à 22 ans, répartis par tranches d'âge et par équipe selon l'heure où nous embarquions pour aller guetter les dauphins au large. L'équipe de 8 heures/12 heures se levait à 6 h 30, plus tôt que lorsqu'on va en classe ! Une autre équipe partait de 12 heures à 16 heures, une dernière de 16 heures à 20 heures. Ceux qui n'embarquaient pas restaient en poste d'observation à terre avec des jumelles, et d'autres travaillaient au centre pour trier leurs photos, faire des recherches pour identifier les animaux photographiés et écrire des commentaires. C'est un vrai travail de scientifique, qui fait d'ailleurs partie d'un programme européen. J'ai trouvé cela très intéressant. Au départ, je croyais qu'un dauphin... c'était un dauphin. Grâce à ce stage, je sais maintenant qu'il en existe différentes espèces qu'on identifie à la forme de leurs ailerons ou à leur façon de se déplacer. J'ai aussi appris à les compter et à les reconnaître, individu par individu, à repérer une maman dauphin enceinte, etc.

« L'ambiance du stage était très sympa parce que tout le monde participait à tout. On aidait à préparer les bateaux, on préparait le dîner, on faisait la vaisselle tous ensemble en rigolant. À bord, nous avons fait très attention de ne rien jeter en mer. Après le déjeuner, on récupérait les déchets et on les jetait de retour à terre. Par contre, il y avait vraiment n'importe quoi dans l'eau : des sacs-poubelle, des bouts de bois, des morceaux de charrette et même des débris de vélos ! Chaque fois que nous le pouvions, nous ramassions ces ordures pour les rapporter à terre.

« Les différences d'âge n'étaient pas gênantes, même si les grands avaient tendance à "vanner" les petits. Ce qui nous unit est une passion commune. Nous nous sentons tous "Enfants de l'Océan", comme nous nous appelons entre nous. Au retour je me suis inscrit dans une association de sauvegarde des cétacés et j'ai décidé de bien travailler en classe pour essayer d'obtenir un bac scientifique qui me permettra ensuite de suivre des études de biologie marine.

« Finalement, j'ai observé beaucoup de dauphins, mais je n'ai pas nagé avec eux. J'ai appris qu'il ne faut pas le faire, parce qu'ils sont porteurs de maladies transmissibles à l'homme. De plus, les jeunes dauphins sont couverts d'un enduit qu'il ne faut pas toucher. Si on les caresse et que l'odeur et l'empreinte de l'homme restent sur eux, ils peuvent être rejetés par le groupe et mourir. Depuis, j'explique ça à des copains qui rêvent de nager avec les dauphins. »

Maxime, 17 ans : « Je suis élève en lycée agricole et très sensibilisé à l'environnement car je travaille dans un établissement qui enseigne le développement durable. On y recycle les déchets, on évite le gaspillage et on cultive un jardin bio. L'an dernier j'étais écodélégué, cela signifie que j'essaie de sensibiliser les autres élèves aux gestes "pour sauver la planète" comme éteindre les lumières, débrancher le soir la télé et les ordinateurs ou ne pas gaspiller l'eau. Ces habitudes ont changé mon comportement à la maison. Je dis toujours qu'être écodélégué, c'est 365 jours par an ! Ma mère est assez écolo elle aussi, elle consomme beaucoup de produits bio et recycle ses déchets. C'est une sensibilité plus répandue chez les filles que chez les garçons. J'ai retrouvé cette tendance dans les stages Océan-Océan où il y avait une majorité de filles. J'y suis allé parce que j'avais envie de nager avec les dauphins et finalement j'ai appris plein d'autres choses sur ces animaux... entre autres que ce n'est pas une bonne chose de vouloir les toucher ou les caresser. J'ai beaucoup apprécié l'ambiance de ce séjour qui m'a sensibilisé encore plus à l'importance de la mer. Malheureusement, bien des gens la considèrent toujours comme une poubelle capable de digérer n'importe quoi : des sacs en plastique, des cageots, des bouts de ferraille. Par contre, nous n'y avons pas vu de déchets pétroliers, heureusement.

« J'ai appris un peu par hasard que ces stages étaient organisés par les laboratoires Daniel Jouvance. Je le savais puisque c'est inscrit sur les brochures mais je n'y prêtais pas attention. Je trouve bien qu'une entreprise s'intéresse à la mer et à l'environnement, même si c'est pour son image de marque, parce que c'est à la mode, ou pour découvrir des molécules marines qu'elle pourra commercialiser. L'important, à mon sens, c'est que de plus en plus d'entreprises s'intéressent à la nature et investissent pour la protéger. Cela entraînera forcément un changement de mentalité, d'abord dans l'entreprise, ensuite chez les clients. C'est comme cela qu'on change peu à peu les choses, je le vis chaque jour dans mon lycée. »

En 2008, après trois ans consacrés à l'étude et la découverte des mammifères marins, les thèmes des séjours Océan-Océan sont revenus à leurs origines en s'orientant vers une découverte plus large et plus globale de l'écosystème marin, depuis l'infiniment petit jusqu'à la gestion du milieu. Avec le comité scientifique nous avons donc décidé de le rapprocher de notre centre de recherche de l'île d'Houat. Nous pensons donner ainsi à ces stages encore plus de facilités pour le soutien scientifique ainsi qu'une vision pratique de la recherche sur le milieu marin et de ses applications. Ces séjours abordent aussi bien la faune et la flore de l'île que les hommes qui y vivent ou qui y sont de passage, afin de mettre l'accent sur la vie insulaire dans son ensemble. L'objectif est de contribuer à une prise de conscience de l'importance des écosystèmes marins pour la vie de notre planète et du rôle des activités humaines dans son devenir.

L'intelligence collective

SECRETS DE CORAIL

Trois heures et demie du matin. Comme chaque nuit depuis mon accident cardiaque, je m'éveille très tôt. Il paraît que beaucoup d'infarctus ont lieu pendant le sommeil entre 3 et 4 heures du matin. Peut-être mon organisme le sait-il et m'enjoint-il de rester vigilant. Les yeux ouverts dans l'obscurité, j'écoute le silence des îles Glorieuses, destination exceptionnelle de la mission Auracéa qui a débuté le 18 novembre 2003. Dans cet archipel isolé au nord-ouest de Madagascar, vierge de toute population, hormis, sur la Grande Glorieuse, un détachement de légionnaires de la base de Mayotte et un gendarme français, nous menons des recherches sur le corail : inventaire des espèces, étude de la microalgue *Symbiodinium* qui vit en symbiose avec les coraux, évaluation de l'impact du réchauffement climatique sur le récif corallien, analyse de microalgues toxiques, etc. Les Glorieuses sont une réserve naturelle peu explorée, d'où l'intérêt manifesté par le Muséum d'histoire naturelle de Paris, celui de la Réunion et les laboratoires et organismes contactés[1]. La mission est programmée pour une durée d'un mois, mais, en raison du caractère protégé de la réserve des Glorieuses, nous nous sommes scindés en deux groupes qui passeront chacun quinze jours sur place, afin de ne pas perturber le milieu par des plongées trop nombreuses.

1. Agence pour la recherche et la valorisation marines (la Réunion), universités de la Réunion, de Nice et de Perpignan, laboratoires Pharmamar.

Dans un demi-sommeil je revis les jours précédents. J'ai annoncé à ma famille que je ferai partie de l'expédition une semaine seulement avant le départ. Pour ne pas les inquiéter trop à l'avance. Pour ne pas me laisser influencer par leurs arguments – ils me diraient, avec raison sans doute, que c'est une folie de faire ce voyage dans mon état de santé actuel. Je le sais, aussi ai-je balisé au maximum les questions de sécurité avec mon cardiologue et Alain Couté pour la partie plongée. Je serai très prudent, mais je veux explorer ces fonds marins que je pressens exceptionnels…

Notre logistique n'a rien à voir avec le dénuement de l'expédition de Socotra. Benoît Tschieret a consacré plusieurs mois à trouver des partenaires et s'est assuré un allié de poids : l'armée française. Matériel scientifique, matériel de plongée, antenne médicale, équipement audiovisuel… cinq tonnes de matériel ont été acheminées jusqu'à la Réunion par des avions Transall puis embarquées sur des patrouilleurs P400 de la Marine nationale pour la traversée entre la Réunion et la Grande Glorieuse où nous serons hébergés et nourris par les légionnaires. J'ai embarqué à bord de *La Boudeuse*, curieux d'observer la confrontation entre de jeunes militaires et des scientifiques d'âge mûr. Leurs cerveaux si différemment formatés devraient produire ensemble des étincelles intéressantes.

J'ai filmé le départ de *La Boudeuse*, orchestré par le capitaine de corvette P. Chaque homme à son poste savait ce qu'il avait à faire sans qu'il soit besoin de beaucoup de mots pour diriger les manœuvres. C'était harmonieux comme un morceau de musique dirigé par un maestro. Les jeunes marins avaient des mines sympathiques, ils souriaient en regardant le navire s'éloigner du quai et trouver son cap dans une mer outremer à peine agitée. Une fois le patrouilleur au large, le capitaine nous a souhaité la bienvenue en s'excusant de nous imposer des conditions de vie « rustiques » à bord. Les chercheurs étaient au contraire ravis. Pour eux, comme pour moi, chaque mission est un dépaysement, une occasion de se familiariser avec des modes de fonctionnement différents de ceux de leur laboratoire. S'y ajoutent, pour le noyau de fidèles des missions Auracéa, le plaisir de nous retrouver, plus celui de découvrir les nouveaux venus.

Nous avons passé la traversée à visiter *La Boudeuse* et à discuter avec les matelots. À l'arrivée, nous avons été accueillis par les légionnaires, quinze gaillards au crâne ras, visiblement contents de la diversion que nous apportions dans la routine de leurs journées sur l'île.

Quatre heures trente : je ne dors toujours pas et décide d'aller marcher sur la plage. À l'arrivée sur l'île, je me souviens d'avoir été cloué d'émotion par la beauté du paysage. Ma première pensée a été : « C'est un bel endroit pour mourir », manière de conjurer le sort en formulant ma crainte intime… tout en étant persuadé que je resterai vivant tant le plaisir d'être ici me donne de l'énergie.

Je marche tranquillement, mes pieds s'enfoncent dans le sable rafraîchi par la nuit. Les eaux du lagon clapotent doucement. Le ciel commence à pâlir, des nuées orange et roses annoncent l'arrivée du soleil, l'aube est précoce sous les tropiques. En chemin, je croise le gendarme Y. R.-T. qui fait le tour de l'île pour recenser les sites de ponte des tortues ! Chaque jour, il les compte puis revient le lendemain vérifier si les œufs ont éclos. Au fil des jours, ce solide gendarme au visage carré a acquis une connaissance, non pas encyclopédique, mais sensible, du monde des tortues marines. Il faut le voir creuser délicatement dans le sable en murmurant : « Ce matin, j'en ai vu courir vers la mer, mais je suis sûr qu'il en reste qui n'arrivent pas à sortir. » Gagné ! Dans sa large paume, une poignée de sable coule jusqu'au sol, et trois minuscules tortues tombent à ses pieds, totalement attendrissantes. Y. m'explique comment elles vont reprendre souffle, puis s'orienter vers la mer et gagner l'eau, mues par ce mystérieux instinct qui a déjà poussé leur mère à venir pondre ici avant de repartir dans les vagues : « Regardez-les, elles sentent l'odeur de la mer, et quand elles en seront proches, elles accéléreront pour le sprint final. » Il soupire, heureux devant ces tortues nouvellement nées : « Si le chat les avait vues, il en faisait son quatre-heures. » Je suis ému par cet homme qui a appris tant de choses sur les tortues en prenant simplement le temps de les observer. Nous poursuivons ensemble notre chemin avant de nous immobiliser quelques dizaines de mètres plus loin, sans un mot. Une énorme tortue marine est en train de creuser le sable. Elle pousse avec ses pattes avant, puis dépose ses œufs dans le trou, jette du sable dedans avec ses pattes arrière puis s'affale quelques instants, épuisée, avant de ramper lentement jusqu'à la mer. Autour de nous on entend des craquellements, des œufs éclosent en même temps. Des bébés tortues naissent à la vie. Je suis touché par la vision de ces carapaces minuscules, de ces pattes qui s'agitent maladroitement. À la naissance du jour, sur une île lointaine, ces animaux sortis d'un autre âge perpétuent le voyage de la mer à la terre. Une émotion jamais encore ressentie, mélange de bonheur intense et de profonde tristesse, m'envahit. Cette ambivalence est-elle due au constat de la beauté de la vie et de sa fragilité, vie et mort intimement reliées, indissociables ? Est-ce parce que je me sens fragilisé ou parce que symboliquement j'assiste à la naissance d'un monde ? Est-ce cela, pleurer de bonheur... Je ne sais pas. Une pensée s'impose à moi... Précaire et éphémère, notre instant de vie sur cette terre devrait nous inciter à plus de réflexion, à moins d'agitation. Plus facile à dire qu'à faire.

Silencieux, nous retournons vers le camp où commencent à s'ébrouer quelques silhouettes. Alain Couté se lève à 5 h 30 et s'affaire au gonflage des bouteilles de plongée dès 6 heures. Le bruit des compresseurs réveille le reste de l'équipe qui doit se préparer pour la palanquée du matin, réservée aux chercheurs. L'après-midi, Alain Couté organise une plongée de découverte pour l'équipe audiovisuelle qui a besoin d'images sous-marines.

Les femmes de la mission – Mireille Guillaume, Sophie Richier, Nicole Gravier[1] et l'étudiante réunionnaise Lola Masse – vérifient leur matériel tandis que les hommes achèvent de faire leur toilette ou commencent à transporter les bouteilles à bord des bateaux de plongée. Dans cet univers majoritairement masculin – quinze chercheurs et une quinzaine de légionnaires – elles sont parfaitement intégrées. C'est la première fois que je rencontre Sophie, que nous aidons depuis 2001 pour sa thèse consacrée à une micro-algue aux pouvoirs antioxydants. Le thème nous a intéressés pour une éventuelle application cosmétique et Hugues Noël, chimiste et cosmétologue des laboratoires Jouvance, suit régulièrement les recherches de la jeune femme. Pour cette mission, le professeur Denis Lallemand et Sophie ont imaginé une manipulation complexe destinée à vérifier l'impact des variations de chaleur et de lumière sur les algues symbiotiques. Des fragments de corail *Pocillopora verrucosa* sont transplantés de la profondeur à la surface, d'autres de la surface à la profondeur, et tous les paramètres les concernant sont mesurés et comparés pour étudier comment, sous l'effet de perturbations de l'environnement, ils expulsent parfois l'algue symbiotique[2] nécessaire à leur survie. Ce qu'on appelle « le blanchissement des coraux ».

La manipulation est délicate, d'autant que Sophie, qui ne pratique que la plongée « loisir », n'a pas les qualifications requises pour le travail sous-marin. Alain Couté lui impose donc d'être accompagnée par un plongeur qualifié. Le photographe de la mission se précipite pour saisir l'instant de cette jolie scientifique portant ses plateaux d'expérimentations, tandis que d'autres chercheurs patientent avant de monter à bord. Alain bouscule un peu les gens pour accélérer

1. Muséum d'histoire naturelle de Paris, université de Nice, université de la Réunion.
2. Appelée « zooxanthelle ».

les choses, Sophie en est gênée : elle a le sentiment d'être « la petite jeune qui dérange tout le monde ». Nous la rassurons, elle est partie prenante dans la mission au même titre que les autres.

Au retour de plongée, chacun trie, nettoie et étiquette ses échantillons avec une passion gamine, montrant aux autres chercheurs les poissons, ascidies ou éponges récoltés. La mission Auracéa aux Glorieuses se révélera fertile. Deux ou trois espèces d'un genre inconnu jusqu'ici y seront découvertes. Alain Couté, qui travaille sur la ciguatera, se frotte les mains : sur quatre algues unicellulaires recherchées, il en a déjà récolté trois ! De son côté, Joël Lorec enrichit l'algothèque qu'il étudiera ensuite en détail à l'Eclosarium de l'île d'Houat. De l'algue *Symbiodinium*, nous tirerons l'actif principal de la gamme de soins cosmétiques Symbiocéa.

Le déjeuner est préparé par les légionnaires qui nous servent des rations… de légionnaires. Autant dire que nous sommes gavés, ces garçons costauds de moins de 30 ans dévorent ! Au début de l'expédition, j'avais une certaine appréhension à l'idée de cohabiter deux semaines avec eux, craignant de côtoyer ce que je déteste le plus au monde : l'intolérance, le racisme, l'extrémisme. Au lieu de cela, je découvre des hommes jeunes venus de partout dont certains sont très diplômés : médecin, hydrologue, ingénieur, entraînés pour faire face aux situations les plus dures. Un matin, je filme le salut aux couleurs, rituel immuable qui commence chaque journée nouvelle. Les palmiers et la plage dessinent sur le ciel d'un bleu intense un paysage de carte postale, contraste saisissant avec le monument qui rend hommage aux légionnaires morts au combat : « *Legio patria nostra* ». Je me dis qu'en cas de conflit l'un de ces jeunes gens mourra peut-être à la place de mon fils et je ne peux m'empêcher de les considérer d'un autre œil. Un Croate et un Roumain, notamment, nous épatent par leur regard lucide sur la vie. De leur côté, les légionnaires découvrent le monde des scientifiques sur lequel ils avaient sans doute autant de préjugés que nous envers les militaires. Au fil des jours, nous nous apprivoisons. Nous leur organisons un « goûter scientifique » qui les fait se presser autour des microscopes pour écouter les explications des chercheurs, ils nous font découvrir leurs exercices quotidiens, nous partageons avec eux notre enthousiasme au retour des plongées… L'osmose se crée entre nous, à tel point que nous sommes plusieurs à adopter la coupe rase des légionnaires, tandis que ces derniers viennent en fin d'après-midi disputer avec nous d'interminables parties de beach-volley suivies de soirées épiques émaillées de chants, de rires et de discussions animées ! Le courant passe si bien que lors de la relève – les légionnaires sont régulièrement renouvelés, car il n'est pas facile de vivre en permanence sur une île déserte – nous les accompagnons jusqu'au Transall dans lequel ils grimpent en se retournant dix fois pour nous faire des signes d'adieu. Certains ont même les yeux embués en nous quittant ! Mais ne faisons pas les fiers. Bien des membres de la mission Auracéa sont envahis par la même sensation de bonheur, de plénitude et de paix. En quittant l'île, nous ressentirons quelques semaines plus tard la certitude d'avoir vécu des moments de vie exceptionnels dans une nature à la beauté préservée, où l'homme se ressource. Un éden, un paradis dans lequel je replonge avec une pointe de nostalgie chaque fois que je travaille sur les photos ou les films rapportés des Glorieuses. Trois ans après, Alain Couté a reçu la visite d'un des légionnaires de passage à Paris, qui avait mené un véritable travail d'enquête pour retrouver sa trace…

Voilà ce que j'appelle « l'intelligence collective » : mettre en contact des modes de pensée différents, non pour s'affronter dans des discussions stériles, comme c'est si souvent le cas, mais pour faire évoluer son regard. Je sais qu'on a tendance à fréquenter spontanément des personnes qui pensent comme soi et avec qui on se sent en harmonie, parce que cela fait chaud au cœur. Mais il me semble indispensable d'aller aussi vers des esprits différents, sans *a priori* ni réticence, juste pour élargir son champ de conscience en envisageant des solutions auxquelles, seul, on n'aurait pas pensé, de la même façon qu'en éclairant différemment un tableau on y décèle souvent des détails qu'on n'avait pas remarqués auparavant.

PING-PONG INTELLECTUEL

A priori, je n'aurais jamais dû m'entendre avec Hugues Noël dont je connaissais la réputation de chimiste hors pair au caractère… ombrageux. C'est ce que disent de lui ceux qui ne comprennent pas qu'il se lance dans des explications très techniques dès qu'on lui pose une question qui paraît simple, mais qui pour Hugues appelle une réponse étayée, précise, complète, pour ne pas sombrer dans les approximations. C'est un challenge de lui faire rencontrer la presse, car les journalistes qui s'occupent de beauté attendent des messages porteurs et vendeurs alors que Hugues s'attardera à leur expliquer la difficulté de mise au point d'une formule ou les précautions à prendre avec tel ou tel actif !

Paradoxalement, c'est cette rigueur qui m'a séduit. Cela me plaît qu'un chimiste, qui pourrait se contenter de jongler avec les formules, d'ajouter une molécule de ceci ou quelques milligrammes de cela, en piochant dans un répertoire d'ingrédients éprouvés, essaie d'innover et surtout de comprendre comment ce qu'il fabrique va interagir avec le milieu. Il ne se contente pas d'être un formulateur de talent, il s'intéresse à la complexité du vivant. Nous fonctionnons dans une sorte de ping-pong intellectuel : je lance une idée, venue à la suite d'une observation qui n'a parfois rien à voir avec la cosmétique. Il la saisit au vol et me demande de préciser ma pensée, ce que je fais souvent en dessinant ! Puis Hugues prend le relais pour trouver comment concrétiser l'idée. Notre collaboration est typiquement celle de l'intelligence collective : deux cerveaux formatés très différemment conjuguent leurs façons de réfléchir et arrivent à un résultat plus rapide et plus fiable que s'ils avaient refusé de communiquer en arguant de leur incompatibilité intellectuelle.

Un exemple parmi d'autres : il y a quelques années, je m'intéressais aux nodules polymétalliques qui se trouvent au fond des océans. On en parlait à l'époque comme d'une richesse extraordinaire qui allait susciter des convoitises et des conflits concernant le droit de propriété sur les océans et la définition des eaux territoriales. Rien de très glamour. De fil en aiguille, en m'intéressant aux métaux, j'ai entendu parler de ce qu'on appelle le « zinc sacrificiel » sur les navires. Il s'agit d'une tige de zinc placée près des moteurs ou d'une couche de zinc qui protège de l'oxydation les métaux sujets à la rouille, comme le fer. Le zinc s'oxyde à la place de l'autre métal, d'où le terme de « sacrificiel ». J'ai raconté cela à Hugues, qui a traduit aussitôt le phénomène en termes chimiques : « Effectivement, ce zinc qui s'oxyde perd deux électrons et devient du zinc 2+ dont on a étudié l'activité biologique : il s'agit d'un cicatrisant bactéricide et fongicide, qui constitue donc un excellent conservateur naturel, de surcroît bénéfique pour la peau. Quand une personne est carencée en zinc, elle développe facilement des infections cutanées. » J'ai alors demandé à Hugues si l'on ne pourrait pas remplacer les conservateurs dans les pots de crème par du zinc. L'idée l'a intéressé, encore fallait-il trouver un moyen élégant et discret de mettre la crème en contact avec ce métal car la cosmétique a aussi des impératifs esthétiques ! Hugues Noël a d'abord testé l'effet antioxydant en déposant de la grenaille de zinc au fond des pots. Cela fonctionnait, mais pas question de proposer aux clientes des pots de crème contenant des grains métalliques. Hugues a alors testé plusieurs solutions, plusieurs formes de pots, et a finalement opté pour le premier pot que j'avais conçu autour d'une tige de zinc qui traverse toute l'épaisseur de la crème. Pour l'étrangeté de l'histoire, Hugues m'a ensuite révélé que cette innovation générait au cœur même de la crème une énergie électrique dont le phénomène avait été décrit par un chercheur du nom de Daniel. Nous avions réinventé la pile de Daniel et l'avions appliquée à la cosmétique, ce qui nous a valu à l'époque de nombreuses citations dans la presse et un succès commercial qui nous a permis de déposer des brevets afin de protéger cette idée. Cette technique originale protège la peau des agressions des radicaux libres, freinant ainsi un des facteurs de vieillissement tout en protégeant de manière naturelle l'intégrité de la formule. De plus, nous y avons associé un actif issu d'une de nos toutes premières missions de recherche sur les grands fonds marins, un actif découvert à plus de mille mètres de profondeur et qui s'est avéré très important dans le domaine de la cosmétique.

Cette anecdote n'est pas aussi futile qu'elle en a l'air. Je trouve qu'elle illustre bien comment, en partant de solutions expérimentées dans un autre domaine – le zinc sacrificiel sur les navires –, on peut résoudre un problème tout à fait différent. C'est pour cette raison que j'adore sortir de ma sphère habituelle et observer des gens de milieux variés et de toutes professions, qui ont forcément des choses à m'apprendre.

« Cette démarche est encore plus vraie lorsqu'on travaille sur un milieu vivant comme la mer, enchaîne Hugues Noël. En 1980, faire des cosmétiques à base d'actifs marins était une idée neuve mais compliquée alors qu'on disposait sur le marché de quantité de molécules de synthèse simples et faciles à utiliser. L'enjeu m'a plu. Les molécules marines sont intéressantes parce qu'elles appartiennent à un milieu hostile où les micro-organismes doivent déployer des moyens de défense raffinés et efficaces pour survivre. Comprendre comment une algue unicellulaire résiste au vent, au sel, au froid et à la chaleur, c'est répondre en partie à la problématique de nos cellules, elles aussi exposées aux intempéries et à des agressions. Daniel Jouvance est passionné par le lien originel entre la vie et la mer, le fait que l'océan primal ait eu une composition identique à celle du plasma sanguin le fascine. Il a lu les expériences de René Quinton et a lancé l'idée que l'excipient de base des cosmétiques devrait être une eau de mer la plus proche possible de l'eau de nos cellules et non une eau déminéralisée qui stresse ou tue les cellules par phénomène osmotique. "C'est incohérent, disait-il, de proposer des produits dont un des ingrédients principaux agresse les cellules." Il avait raison, mais il fallait trouver comment dessaler l'eau de mer sans perdre le bénéfice de ses minéraux, donc sans la diluer avec de l'eau douce. Après avoir expérimenté plusieurs solutions, nous avons trouvé un système de filtration membranaire qui retient le sel excédentaire tout en gardant une bonne concentration en magnésium, calcium, potassium et autres oligoéléments. Le problème était que l'eau de mer déstabilise les crèmes et que les stabilisateurs habituels (gélifiants et tensioactifs) sont incompatibles avec les sels de calcium et de magnésium. Qu'à cela ne tienne : une fois de plus nous sommes allés regarder dans la mer, et nous avons opté pour des stabilisateurs naturels issus d'algues, des alginates et carraghénanes naturels, qu'on utilise d'ailleurs en cuisine depuis bien longtemps. J'aime cette façon artisanale de travailler, qui consiste à transformer en réalité l'instinct créatif d'un homme.

« Daniel Jouvance est un homme d'affaires qui sait ce qu'il fait et connaît la gestion, mais je suis sûr que c'est également un artiste authentique, capable d'imaginer des concepts sinon délirants, du moins en adéquation difficile avec les dures réalités de l'industrie et du commerce… À moi, à nous de trouver la jonction. Dans cette entreprise, on ne se demande jamais "est-ce bien à moi de faire telle chose ?", on se demande "est-ce que je suis capable de le faire ?" Et si on peut, on fait. C'est stimulant pour l'esprit et valorisant pour soi.

« J'apprécie également le mélange des genres. Nous avons ici une démarche scientifique sérieuse, des études en collaboration avec des chercheurs de haut niveau, mais d'autres préoccupations sont très ludiques. À propos de la polysensorialité chère à Daniel et pratiquement identificatoire à sa marque, nous avons planché sur un emballage qui stimulait tous les sens : il était beau, il sentait bon, il était agréable au toucher et produisait un joli son quand on l'ouvrait… mais il coûtait cher. Dans une société classique, on y aurait renoncé. Ici, on l'a fait. Au sein du groupe, Daniel est une sorte d'ovni, un marginal qui déroute parce qu'il est à la fois actif et contemplatif, ambitieux mais pas compétitif, sociable mais pas bavard, et surtout fidèle en amitié, y compris sur le plan professionnel. J'appelle son intuition un “excès de vitesse de l'intelligence” qui justifierait parfois un retrait provisoire du permis de penser. »

LE COMITÉ SCIENTIFIQUE

La plupart des entreprises cosmétiques ou agroalimentaires ont un comité scientifique qui leur donne une crédibilité auprès des investisseurs comme du public. La science est devenue la caution des industriels, et le scientifique l'expert des Temps modernes. Cependant, il s'agit de plus en plus souvent de science appliquée – l'industriel demande aux chercheurs de lui trouver des actifs nouveaux – ou alors de technoscience, la technologie prenant le pas sur la science fondamentale. Les OGM sont le prototype même de la technoscience. On sait les fabriquer, on leur fixe un objectif, comme résister à tel insecte ou supporter tel pesticide, mais nul ne sait exactement ce qui se passe à l'intérieur du génome dans lequel on introduit un gène d'une autre espèce, nul n'est sûr de la façon dont fonctionnera le génome muni de ce gène surnuméraire et quel sera son impact environnemental. C'est sans doute une technologie d'avenir, sous réserve qu'on ne l'utilise pas à des fins hostiles[1], mais elle aurait dû faire l'objet de recherches scientifiques approfondies avant d'être largement commercialisée. Il me semble fondamental d'essayer de comprendre comment fonctionne la nature, avant de se risquer à y intervenir. C'est en tout cas dans cet esprit que j'ai constitué mon comité scientifique. Les chercheurs qui en font partie doivent

1. Comme d'en faire des armes biologiques ou de les utiliser pour contrôler l'agriculture mondiale et organiser à sa guise l'abondance ou la rareté alimentaire.

être des éveilleurs d'esprit et alimenter une base de données ouverte sur une vision du futur.

Il arrive évidemment que je pose une question pratique sur un actif susceptible d'être utilisé dans nos produits. Je souhaitais par exemple savoir si la spiruline, algue riche en éléments nutritifs, devait être considérée comme un aliment ou un complément alimentaire, et j'ai également demandé à un des membres du comité, Jean-Pierre Calégary, des précisions sur des microalgues riches en oméga 3 et oméga 6. Mais, de façon générale, ce qui m'intéresse est de comprendre comment fonctionne le milieu marin, ce qui l'altère et le modifie, et quelles sont les conséquences des interventions humaines sur lui. Ma motivation écologique – « ne pas nuire au milieu » – a une légitimité économique : en sachant comment il fonctionne et en évitant de l'altérer, je préserve des ressources dont j'ai besoin pour mon activité. Cela prouve qu'écologie et économie sont loin d'être antinomiques et c'est heureux, car si l'on continue d'opposer l'une à l'autre, il est certain que la priorité sera toujours donnée à l'économie.

À titre personnel, le comité m'apporte le plaisir d'enrichir mes connaissances et d'élargir mon univers intellectuel. Pour ce faire, ses membres viennent d'horizons très divers. Le seul proche de la cosmétologie – et encore ! – est le professeur Jean Meynadier, dermatologue. Je l'ai choisi parce qu'il s'intéresse à la physiologie de la peau saine, alors que les dermatologues sont généralement plus tournés vers les pathologies de la peau. Il me semblait indispensable de savoir comment fonctionne une peau normale si je voulais proposer des produits susceptibles d'être utiles aux femmes, c'est-à-dire susceptibles de rendre à la peau les conditions optimales pour qu'elle fonctionne bien. Jean Meynadier aime dire que les médecins portent costume-cravate, vont en congrès dans des quatre-étoiles et ne voient de salut que dans la thérapeutique, tandis que les scientifiques sont habillés en velours côtelé, descendent dans des hôtels deux-étoiles et s'intéressent à la façon dont fonctionne le monde !

Selon cette définition, le comité Jouvance est résolument scientifique : je n'ai pas les moyens d'emmener quinze personnes dans un quatre-étoiles, et surtout je n'en vois pas l'utilité ! Le comité est un espace d'échange amical où nous nous réunissons chaque trimestre à Paris ou en Bretagne pour explorer différents domaines et profiter des compétences des uns et des autres. Nous avons discuté sur des sujets de biologie marine, de dermatologie, d'évolution du climat, d'organisation systémique des océans, de fonctionnement enzymatique et même d'histoire de la marine. Je me souviens d'un exposé sur les ultrathermophiles, des organismes marins capables de vivre à très grande profondeur sans lumière et à une température de plus de 100 °C : il y avait là de quoi remettre en question nos certitudes sur la définition de ce qu'est la vie et les affirmations péremptoires au sujet de la possibilité de vie sur telle ou telle planète pour des questions de température ou de composition de l'atmosphère.

Lorsque nous avons parlé des économies d'énergie, nous ne nous sommes pas limités aux questions d'eau ou de chauffage. Nous avons eu une discussion sur le coût énergétique de l'information, en comparant le coût de l'envoi de documents papier, de l'organisation d'un séminaire ou de la circulation de données via Internet ! Ce genre de discussion ouvre à une autre façon de penser l'entreprise, où les coûts d'ordinaire externalisés sont réintégrés dans le bilan de l'entreprise et permettent de mieux évaluer toutes les conséquences des choix de gestion.

Le dernier arrivé au comité est Christian Buchet, historien de la mer. Il avait lu mon livre *Au nom de la mer* et m'a contacté un jour pour me demander de m'associer à des conférences qu'il organisait, « Les mardis de la mer et des Français ». Nous avons sympathisé autour d'une évidence : pour nous deux, la mer est une source de vie et de bien-être qu'il importe de préserver. Nous avons discuté de sa dimension de plaisir et de sensorialité, qui ne doit pas se limiter à la fonction balnéaire. Le « feeling » a été immédiat entre nous, aussi lui ai-je demandé d'entrer au comité scientifique. Christian Buchet connaît l'histoire de la mer depuis l'Antiquité, nous régale de ses récits qui montrent comment le regard sur l'eau a évolué et nous parle des mythologies liées à la mer, de l'histoire de la marine à travers les siècles, de ce paradoxe qui fait qu'un pays comme le nôtre, avec trois façades maritimes, est finalement assez peu tourné vers la mer. Tout ceci semble un débat d'idées philosophique et pourtant je suis persuadé que c'est important pour l'avenir. Les frontières maritimes et le partage des richesses que contiennent les océans vont devenir des enjeux primordiaux.

Le comité fonctionne sur un mode très libre orchestré par les professeurs Jean Meynadier et Yves Le Gal et par Joël Lorec. Ils établissent un ordre du jour que nous recevons quelques semaines avant la réunion. Celle-ci dure un ou deux jours suivant nos disponibilités et la longueur des exposés de chacun des membres. Ce n'est pas un travail à proprement parler tant nous prenons plaisir à nous retrouver et à échanger. Je les considère tous comme des amis. Pour moi, c'est un véritable « bain de jouvence cérébral », alors que ces chercheurs sont tous d'âge mûr. L'intelligence et la curiosité intellectuelle préservent la jeunesse…

Les discussions se poursuivent souvent tard dans la soirée. C'est généralement là que nous avons des échanges passionnés sur l'avenir du monde et de la planète. Tous ces chercheurs ont dû affronter l'immobilisme des politiciens lorsqu'ils lançaient des cris d'alarme sur un phénomène climatique, une pollution, la raréfaction de tel ou tel organisme marin ou une invasion d'espèces indésirables. Ils ont tous en mémoire des promesses non tenues et des crédits annulés. Cette expérience leur donne une compétence indéniable à présent que l'écologie brille sous les feux des médias, mais aussi un certain scepticisme. Je leur laisse volontiers la parole…

PAROLES DE SCIENTIFIQUES

YVES LE GAL, sous-directeur honoraire au Collège de France et correspondant du Muséum national d'histoire naturelle de Paris, membre du comité scientifique des laboratoires Daniel Jouvance

D'un point de vue écologique, j'apporte au comité un esprit un peu critique, sans doute aiguisé par les « manipulations » que j'ai pu constater en plus de trente ans dans ce domaine. Ainsi, je leur ai expliqué que les biocarburants, qui exigent deux litres de pétrole pour distiller un litre d'alcool et occupent des terres agricoles normalement dévolues à l'alimentation, sont une fausse solution, malgré leur intense médiatisation… L'effet de serre excite tout le monde alors que les écologistes en avaient parlé sans émouvoir personne dès les années soixante-dix. On peut se réjouir de cette prise de conscience, mais aussi remarquer que l'obsession climatique fait la part belle au nucléaire sous prétexte que les centrales ne rejettent pas de CO_2. Au passage, EDF omet simplement de préciser que la vapeur d'eau des centrales et les rejets d'eau chaude dans les rivières participent aussi au réchauffement. Par ailleurs, on n'a toujours pas résolu les problèmes de traitement des déchets et de décontamination des centrales vétustes. À l'inverse, les projets de méthanisation de fumier de poule ou de lisier de porc ont du mal à passer, car le technocrate de base ne fréquente pas les déchets d'élevage et, selon la tradition populaire, le méthane est le gaz des marais et des sorciers, nocif, voire maléfique… Face à une problématique comme « Que faire des rejets d'une papeterie ? Les incinérer ? Les traiter chimiquement ? Les traiter biologiquement ? », le technocrate choisira l'incinération parce que c'est une solution qu'il connaît déjà et que, dans l'inconscient collectif, « brûler, c'est épurer », comme le faisait dire Victor Hugo à Torquemada. La diversité, grand principe écologique, ne se limite pas à la biodiversité. Dans tous les domaines il faut diversifier les solutions, alors que les décideurs ont été formés à la pensée unique : « tout nucléaire », « tout génétique », etc. À cet égard, un homme comme Daniel Jouvance, homme d'affaires mais aussi aventurier, artiste et curieux de tout, est un bon exemple de l'état d'esprit que nous devrions cultiver dans une société plus équilibrée. Cependant, comme tout chef d'entreprise qui souhaite s'engager, il est très sollicité et doit rester prudent avec les ONG, dont certaines peuvent œuvrer davantage pour le bien-être et la notoriété de leurs membres que pour la cause qu'elles prétendent défendre. D'autres s'enthousiasment pour des projets en négligeant leurs conséquences à long terme. Ainsi, dans le cadre de ses projets avec l'association Antenna[1], avec d'autres collègues du comité scientifique, nous avons suggéré à Daniel Jouvance de bien s'assurer que les cultures de spiruline étaient sélectionnées à partir de sites où elle pousse naturellement, ceci afin de ne pas risquer de déséquilibrer l'écosystème local.

Jean-Paul Braud, algologue, INNOVAL G

Mon intérêt pour les algues a commencé avec le plancton, et s'est poursuivi avec ma thèse sur les macroalgues. Daniel Jouvance, que je connais depuis 1985, s'est intéressé à notre technique de cultures d'algues utilisant des bassins extérieurs et de l'eau de mer naturelle, c'est-à-dire des conditions différentes de celles de l'Eclosarium, où on cultive en milieu confiné. La culture en milieu confiné est une voie intéressante, sous réserve de vérifier que les paramètres que l'on fait varier ne nuisent pas à l'algue. Il y a eu un exemple malheureux avec des microalgues cultivées pour faire des biocarburants. Les chercheurs ont voulu les « booster » pour qu'elles produisent davantage de lipides, ce qui induit des dérèglements métaboliques empêchant la croissance ultérieure des algues, condition *sine qua non* d'une culture en continu.

1. Cf. *infra* chapitre « Là où tout se rejoint ».

Au comité scientifique, nous nous interrogeons en amont sur les conséquences des interventions sur le milieu marin. Nous discutons plus souvent de préservation du milieu, de découvertes de nouvelles espèces ou d'histoire que de sujets industriels, ce qui n'empêche nullement l'innovation. C'est le charme de cette entreprise, qui fonctionne par coup de cœur sur les intuitions de son patron : inciter les collaborateurs à trouver la solution… ou à démontrer que le coup de cœur est irréalisable. Mais comme on aime bien les défis, on se creuse la tête avant de renoncer ! Ce fonctionnement stimule la créativité. C'est une logique de PME, avec les moyens d'une entreprise plus importante. Exactement l'inverse des grands groupes freinés par leur inertie décisionnaire. Malgré les mouvements de fusions-acquisitions, je suis pour ma part persuadé qu'on vit la fin de la tyrannie de ces groupes industriels qui ne sont plus adaptés à une société qui a besoin de souplesse et d'inventivité.

Les pouvoirs publics ont le même handicap : ils réagissent à court terme, au bord du gouffre, sans vision d'avenir. Au congrès sur la biomasse renouvelable[1], sujet qui revient en force dans l'actualité, nous avions fait de multiples propositions, accueillies avec enthousiasme et moult promesses de crédits. Puis le prix du baril de pétrole est retombé… et les perspectives de financements avec. Aujourd'hui, je suis irrité par le « ramdam » autour de l'écologie alors que nous avons perdu trois décennies à ne rien faire. La crise que nous vivons est le résultat de choix vieux de quarante ans : quand la Datar[2] a créé des bassins d'emplois avec des logements situés à deux heures de transport des lieux de travail, elle a fait le nid de la pollution automobile, du gaspillage énergétique et de la violence des banlieues. Ces ensembles isolés de la vraie ville étaient et sont invivables ! Quantité d'urbanistes, de médecins et de travailleurs

1. « Héliosynthèse et aquaculture », Martigues, 1978.
2. Délégation à l'aménagement du territoire et à l'action régionale.

sociaux ont analysé ce non-sens et ont lancé des cris d'alarme, mais rien n'a été fait.

N'est-il pas suicidaire de confier un pays à des économistes et des politiciens qui partent d'un postulat absurde : une croissance économique exponentielle sur une planète close aux ressources limitées ? La solution ne viendra pas d'eux mais de femmes et d'hommes qui placent les relations humaines et le respect de la nature avant le pouvoir économique.

Lors de la dernière mission Auracéa à laquelle Daniel m'a demandé de participer, mon rôle fut purement technique puisqu'il s'agissait d'aider à la mise au point de fermes de production de microalgues destinées à la lutte contre les carences alimentaires des enfants de l'île de Madagascar. Une expérience intéressante au demeurant, qui me passionne.

CHRISTIAN BUCHET, historien de la mer, membre de l'Académie de marine, directeur du centre d'études de la mer de l'Institut catholique de Paris, membre du laboratoire d'histoire maritime du CNRS, écrivain et chroniqueur

Je m'intéresse depuis des années aux histoires de naufrage et de sécurité en mer. L'historien se situe dans la durée : en interrogeant le passé, il a les clés pour comprendre le présent. Les trois pôles sur lesquels repose notre avenir écologique sont la démographie, qui conditionne l'accès aux ressources naturelles, la répartition des richesses, qui entraîne des affrontements entre les peuples, et la mer, productrice d'oxygène et réservoir de nourriture et de molécules actives. Sans oublier l'essentiel : une réelle prise de conscience. On a le sentiment fallacieux que tout le monde est aujourd'hui sensibilisé à l'écologie parce qu'elle fait la une des médias, mais, dans la réalité, il y a un écart énorme entre les intentions et les actes. Les Français sont très contradictoires : ils veulent de la nature et des plages sauvages, mais craignent les insectes et réclament des baignades aménagées avec des postes de surveillance et des cabines fermées. L'environnement reste pour eux une contrainte. Tout le monde est d'accord pour dire qu'il faut réduire l'usage de l'automobile, mais quand on pose la question précise : « Vous-même, êtes-vous prêt à abandonner votre voiture un jour ou deux par semaine ? » il n'y a plus que 17 % de Français qui répondent affirmativement. Pour eux, les mesures en faveur de l'écologie doivent être des réductions d'impôt pour celui qui achète une voiture propre ou une chaudière économe. En revanche, parlez-leur d'une surtaxe pour les voitures polluantes ou gourmandes en essence, ils la considéreront comme une atteinte à la liberté de choix ! Les jeunes, élevés dans un bain de consommation et de publicité, pensent davantage en termes d'Avoir qu'en termes d'Être. Ils font les « petits gestes pour la planète », c'est même un jeu pour eux, mais ils n'ont pas encore conscience qu'il leur faut changer de mode de vie et de références. L'écologie n'est pas facile à « vendre » car elle véhicule des messages alarmistes que les gens essayent de minimiser : personne n'a envie d'entendre prédire la fin du monde ! La mer peut être un formidable espace de communication, source de valeurs pour l'humanité. Être tourné vers la mer, c'est s'inscrire dans une dynamique de contacts, d'ouverture et de solidarité, c'est aussi avoir le sens de l'équipe et de l'équipage. Croire en la mer au présent ne peut conduire, quel que soit l'état des flots, que vers « des îles fortunées »... La mer est le trait d'union entre les civilisations, les continents, les pays et les hommes. Et, de façon plus intime, elle est le miroir qui permet à l'homme de prendre conscience de sa véritable nature. Il est indispensable que ces messages soient relayés par d'autres que des scientifiques. On a besoin de personnes capables d'envoyer des messages positifs qui inciteront les gens à changer de comportement au lieu de penser que cela ne sert à rien et qu'il est trop tard. Cela dit, je suis assez confiant car je constate une mobilisation croissante des étudiants sur ces sujets. De plus en plus ils se disent que notre mode de vie actuel n'est plus viable. Or les étudiants sont généralement la force vive qui entraîne les autres...

L'importance de l'art

J'AURAIS VOULU ÊTRE UN ARTISTE...

Dans une autre vie et un autre contexte, j'aurais certainement suivi une formation artistique approfondie. Vocation manquée ? D'une certaine façon, oui, quoiqu'elle continue d'imprégner ma vie quotidienne. Mes collaborateurs s'amusent de constater que je suis quasi incapable de m'exprimer sans dessiner et que je me réserve la partie artistique de notre métier : l'architecture et la décoration des spas, l'esthétique de nos documents de communication, l'utilisation des sons et des couleurs dans nos centres. Je crois que la beauté d'un lieu apporte l'apaisement, alors qu'un environnement dégradé n'est plus respecté.

Si je devais citer trois artistes, ce serait Salvador Dalí pour la folie créatrice, Picasso pour son total génie, et le sculpteur Henry Moore pour son rapport à la sensualité, qui s'est beaucoup inspiré, lors de ses promenades en bord de mer, des formes des galets, des rochers et des bois flottés. Il a installé ses œuvres gigantesques dans des jardins et des espaces naturels, parce qu'il pensait lui aussi que l'art doit faire partie de l'environnement.

Mon envie de sculpter a été déclenchée par une amie américaine qui m'a fait découvrir l'art inuit, ses rondeurs, polies comme des galets, d'une sensualité inouïe. Je me disais que c'était une forme d'expression qui me conviendrait bien, une matière dure donnant des lignes douces, encore un mélange de masculinité et de féminité. Malheureusement, pendant plusieurs années, le travail m'a laissé trop peu de temps pour réaliser ce désir. Je me suis laissé déborder par le quotidien et les soucis relationnels dans le groupe qui absorbaient beaucoup de mon énergie. C'est alors que Catherine m'a inscrit à un cours de sculpture : « Cela te fera beaucoup de bien. » Elle a une sorte de don pour sentir avant moi ce dont j'ai besoin. Très vite, ces cours me sont devenus indispensables et j'ai découvert que le contact avec les artistes me reconstruisait. J'y ressentais une véritable osmose des sens et y vivais le partage très fort d'une passion commune tendant vers une concrétisation artistique et une réalisation personnelle. J'ai aussi constaté que, sur dix artistes, il y a sept « praticiens » pour trois authentiques créateurs.

À la mort de mon frère, mon expression artistique a connu un passage à vide, une perte de substance au sens propre du terme. Les formes rondes que j'affectionne d'ordinaire sont devenues filiformes, proches de la disparition, un peu à la manière de Giacometti. J'ai ensuite traversé une période « œuf », symbole de renaissance. Je sculptais des œufs dans tous leurs états, sur des supports, dans des creux, en suspension, en travaillant sur la matière, le polissage et les reflets obtenus... J'en ai d'ailleurs fait une exposition en 2001, invité par un collectif de peintres. L'œuf m'inspirait des histoires : l'œuf machine, la naissance du monde, des mandalithes, « pierres à penser » en forme d'œuf. Je me souviens de la première sculpture de cette période « œuf », celle qui m'a montré cette nouvelle voie. Elle était constituée de neuf empreintes d'œufs. Cette œuvre s'est cassée en plusieurs morceaux. Je me suis alors rendu compte que chaque partie racontait sa propre histoire. Le hasard m'offrait à nouveau l'ouverture d'une nouvelle porte, d'une nouvelle démarche artistique dans laquelle je me suis pleinement plongé. C'était très intellectualisé, quasi obsessionnel, cette histoire d'œuf, comme si je voulais exprimer quelque chose qui n'arrivait pas à éclore. Puis un séjour au Japon m'a nourri d'un besoin de m'exprimer différemment. J'ai été séduit par les structures ultra légères de certaines œuvres zen. Depuis, je suis dans une nouvelle recherche : je travaille avec les bambous de mon jardin et divers matériaux plus légers que la pierre qui pourraient presque s'envoler. La sculpture sur pierre est un exercice lourd, physique, et pour l'instant j'ai envie de légèreté.

Le séjour au Japon et ma passion pour l'architecture mzab du sud de l'Algérie, une architecture minimaliste très belle dont la conception s'adapte parfaitement au climat désertique et aux courbes des dunes, ont largement inspiré ma vision architecturale de nos lieux de bien-être et donné envie de concevoir nos spas comme des espaces énergétiques respectueux de l'homme et de son environnement. J'envisage chaque lieu comme une sculpture, une création sensorielle presque vivante, un voyage en soi. J'ai notamment dessiné le spa Daniel Jouvance de Gordes en imaginant un lieu quasiment initiatique où l'on entre comme dans une grotte, l'on parcourt un chemin d'eau et l'on ressort à la lumière. Le village de Gordes est situé sur un piton rocheux. J'ai souhaité donner au spa cette force de la pierre, allant jusqu'à magnifier une sorte de monolithe qui trône au centre du lieu. J'ai voulu aussi que dans l'espace aquatique on ait une impression de liberté et de légèreté en plaçant au-dessus des jarres qui entourent le bassin des arums en lévitation. Le spa Néocea de Saint-Paul-de-Vence s'appuie davantage sur l'énergie de l'eau. La création du rituel Aquadream reprend fortement l'idée de la naissance de l'homme et de son contact intime avec l'eau. C'est d'ailleurs durant la mise au point de ce soin que ma collaboration avec Loïc Leferme s'était transformée en une profonde amitié. Il travaillait sur le rôle fondamental de la respiration, et moi sur les autres aspects sensoriels de l'expérience. Ce voyage aquatique à la découverte de nos sens était à la base de notre complicité, nos vécus personnels étant intimement liés dans cette démarche créative. Chaque spa est donc pour moi une source d'expression, un espace unique où je m'exprime pleinement avec comme objectif le bien-être des sens. Mon goût pour ce genre de création commence à être connu : on m'a demandé de travailler sur un concept original mêlant l'eau, la lumière et les plantes dans un circuit polysensoriel pour réhabiliter une piscine parisienne et en faire un lieu de bien-être. Tout récemment, j'ai discuté avec le judoka David Douillet sur la possibilité de structures combinant le sport et le plaisir aquatique. L'eau, c'est évident, devient un élément de plus en plus essentiel pour l'équilibre des citadins en manque de nature, mais dans le même temps elle va se raréfier. Il va donc falloir trouver des solutions pour l'utiliser au mieux, ne pas la gaspiller et la recycler, solutions auxquelles travaillent déjà les centres de thalassothérapie et les parcs aquatiques, ce qui montre que les entreprises se sensibilisent peu à peu à la question environnementale.

Pour l'avenir, je n'ai pas renoncé à mon rêve de bases marines qui combineraient les bienfaits de la mer, des œuvres d'art et des soins associant le toucher, les sons et les couleurs, car je suis persuadé que des stimulations positives de tous les sens contribuent à réduire l'agressivité et ont un effet sur l'équilibre mental des gens, sans médicaments et sans effets secondaires.

METTRE L'ART DANS LA VIE

« Quiconque se tourne vers le passé de l'humanité n'aura pour seul repère témoignant du parcours de l'espèce qu'une longue suite de chefs-d'œuvre des arts, dont chacun est "un temps en soi", dont chacun est son temps. Pour être admirés de nous aujourd'hui, il leur a fallu tout d'abord être contemporains d'un moment de notre histoire. Ils en sont la seule trace qui nous mette en valeur, TOUS, sans exception d'époque ni de lieu… Souvenons-nous : tous les créateurs ont été tout d'abord des "artistes contemporains". L'apparente inefficacité économique de la démarche créatrice a souvent fermé à ces audacieux la porte d'une société qui hésite à leur faire une place de leur vivant. Pourtant, ironie de la mort qui nous guette, ils seront bien assez tôt des artistes du passé. »

Ce texte est extrait d'un panneau qui accueillait les visiteurs à l'entrée de nos bureaux. Il expliquait notre engagement artistique en partenariat avec l'association A.M.A. fondée par Rica Gourdet-Levy et Serge Mallet, qui signifie à la fois « Artistes, mécènes et amateurs » et « Association pour un meilleur accueil ».

J'ai découvert cette association chez un ami. Sur les murs de son cabinet de dentiste étaient exposées des œuvres avec des documents explicatifs permettant aux visiteurs de mieux s'en imprégner tout en leur laissant la liberté d'aimer ou de ne pas aimer ces tableaux. J'ai apprécié cette démarche, car pour moi l'art est ce qui nous fait humain, une activité en apparence inutile, pas rentable, et pourtant essentielle pour aiguiser la sensibilité, l'analyse et l'esprit critique. J'ai donc rencontré Rica et Serge, qui se démenaient corps et âme pour faire vivre leur association. Ils m'ont invité à dîner chez eux pour contempler les travaux d'un peintre, Yassef, devenu depuis un artiste coté.

Je ne me considère ni comme un mécène, ni comme un collectionneur. Il m'arrive d'acquérir des œuvres qui me touchent particulièrement, mais ce qui m'intéresse, c'est de participer à des initiatives qui mettent l'art au cœur de la vie. D'intervenir comme un artiste qui s'adresse à d'autres artistes, pas comme un financier. Dessiner m'a aidé à supporter les affres du pensionnat quand j'étais petit. La sculpture m'a permis de me retrouver quand j'en ai eu besoin, elle reste une dimension essentielle à mon équilibre même si je l'ai mise quelque peu entre parenthèses en attendant d'être plus disponible. En tant que chef d'entreprise, je pense que des bureaux ou une salle de repos comme celle que j'ai fait aménager, décorée avec des œuvres d'art, contribuent davantage au bien-être des salariés qu'une cafétéria enfumée[1]...

À l'époque où j'ai rencontré Rica et Serge, je venais de publier *Au nom de la mer*. Il m'a semblé qu'il y avait une cohérence entre les deux démarches, même si elle ne paraît pas évidente au premier abord. En effet, la mer et l'art sont indispensables à la vie, et sont également en péril si nous n'en prenons pas soin. Au niveau sensoriel, je trouve que la plénitude que l'on ressent face à certaines œuvres d'art s'apparente à la plénitude que l'on peut éprouver face à la mer, ce que Romain Rolland a appelé le « sentiment océanique », la sensation d'être en communion avec l'univers sans qu'il soit besoin de croyance religieuse ou mystique pour

1. Même si la fumée est aujourd'hui bannie de tous les lieux publics, il est symptomatique que, dans les entreprises, on accorde plus facilement aux travailleurs du temps pour aller fumer à l'extérieur ou boire un café que pour se relaxer au calme...

cela. Cet état exaltant et apaisant incite forcément à préserver les éléments capables de vous le faire éprouver, comme la mer et l'art.

J'ai donc proposé à Rica et Serge de leur réserver une place dans nos locaux pour faire connaître leurs artistes et apporter un plus aux collaborateurs de l'entreprise. Le principe de l'association était simple : les artistes prêtaient leurs œuvres, l'entreprise payait pour bénéficier d'un accrochage dans ses locaux, Serge et Rica s'occupaient du choix des œuvres, de la logistique, du transport, des assurances, etc. J'ai profité de travaux de rénovation dans nos locaux pour faire aménager un vaste espace qui leur soit dédié. C'est une véritable galerie où très régulièrement l'association accroche une vingtaine d'œuvres. Elle permet à des artistes contemporains de se faire connaître, de vendre quelques œuvres, et, pour certains, d'être contactés par des galeristes. Tous ces artistes se connaissent et entretiennent entre eux, avec les collectionneurs et avec Rica et Serge, des liens qui dépassent de beaucoup les relations habituelles dans le monde de l'art. Cette ambiance chaleureuse me plaît. Il me semble plus structurant pour les humains de nouer des amitiés autour de passions et de projets communs qu'autour d'un dîner… même si l'un n'empêche pas l'autre ! D'ailleurs, lorsque Rica et Serge se sont mariés, il y avait à la réception un tiers de proches et deux tiers d'artistes et amateurs d'art, dont j'étais.

A.M.A. a fonctionné pendant dix-neuf ans. C'était une idée formidable, la réussite d'un couple capable de concrétiser son amour à travers la réalisation d'un projet artistique. L'association est à présent quasiment en veilleuse mais elle nous a conservés comme unique partenaire.

Dernièrement, j'ai été contacté par Andréa Ferreol qui n'est pas seulement une actrice mais aussi une native d'Aix-en-Provence impliquée dans la vie artistique de la ville. Elle a un projet de « Jardins d'artistes », des espaces privatifs mêlant nature et œuvres, où le public pourrait venir comme on vient à une exposition ou comme on vient se ressourcer en s'octroyant un moment de calme et d'harmonie loin du stress. Andréa m'a demandé de lui prêter quelques-unes de mes sculptures pour l'un de ses jardins. J'aime bien cette idée d'exposer des œuvres dans des lieux qui ne sont pas des musées : j'en ai mis au centre de beauté Daniel Jouvance, dans chacun de nos spas, dans l'entreprise même, et bien sûr dans ma maison et mon jardin. L'art est une dimension essentielle dans la société harmonieuse à laquelle je souhaite participer.

La difficulté est de lui donner une place importante tout en évitant la spéculation qui crée sur le marché de l'art les mêmes désordres que dans tous les autres domaines. Si l'on ne s'attache qu'au box-office, aux best-sellers, aux artistes cotés et aux acteurs « *bankables*[1] », on tend vers un formatage du goût au détriment de la créativité. À l'inverse, les artistes qui innovent et créent doivent pouvoir vivre de leur travail : le mythe de l'artiste maudit ou l'idée qu'il faut avoir un métier « alimentaire » à côté de son activité d'artiste est néfaste. Créer demande du temps et de la concentration qui semblent au départ non productifs mais donnent leurs fruits plus tard. C'est le même problème qu'avec la recherche : on doit laisser aux chercheurs le temps de réfléchir et de comprendre avant d'exiger d'eux des résultats.

Cela étant, pour les arts, il n'est pas simple de trouver un mode de financement qui laisse à l'artiste le temps et la liberté de créer, sans l'enfermer dans l'assistanat ou le soumettre aux lois du marché. Voilà un beau chantier de réflexion, qui devrait impliquer les pouvoirs publics, les entreprises, les artistes et les citoyens qui se pressent si nombreux dans les expositions, montrant que l'art est nécessaire à la qualité de leur vie.

1. *Bankables* : sur lesquels les investisseurs misent facilement, sûrs du succès financier du film ou du projet qu'on leur propose.

DE LA FORGE AU ZIMBABWE

Éclat de la flamme, bruit du métal, grésillement de l'eau sur la matière brûlante, odeur chaude… C'était il y a une vingtaine d'années. J'avais rencontré Arnaud Bard par l'intermédiaire de son père. Arnaud est sculpteur, il m'avait emmené à Meudon visiter l'atelier de son fondeur, Gilbert Clementi, en me disant : « Je veux te faire découvrir le feu, la terre et l'eau. » J'avais envie de m'exprimer avec la matière, de me confronter à la glaise et au bronze. J'ai été fasciné par cette dernière étape où l'œuvre prend forme. L'artiste suit avec attention la fonte du bronze dans une chaleur d'enfer, puis la ciselure et enfin la patine qui donne au bronze ses reflets. C'est une étape très physique, charnelle, qui parle à tous les sens. Arnaud avait un atelier à Boulogne où j'allais le voir régulièrement pour échanger sur l'art. Très vite nous avons partagé d'autres centres d'intérêt. Arnaud a fait beaucoup de voile, il aime dire que nous avons « l'iode et l'embrun communs ». Son amour pour la mer l'a sensibilisé aux dégradations du milieu : « On aurait pu agir depuis longtemps et on n'a rien fait. » Comme moi, il ressent cette impression que des années ont été perdues… Nous avons également une façon bien à nous d'affronter les tempêtes de la vie : on se met à la cape, on reprend conscience et on fait le point. C'est ainsi que, sept ans environ après notre rencontre, Arnaud a senti que j'avais envie d'une parenthèse dans ma vie professionnelle. Il préparait un voyage au Zimbabwe chez des sculpteurs du mouvement shona, protecteurs de la culture agraire et rituelle. Il se trouve que j'ai un tropisme particulier avec l'Afrique. Quand j'étais en pension, j'avais un ami qui se sentait perdu dans cet établissement. Il s'appelait Amédée Théodore. Je m'étais rapproché de lui, je l'avais épaulé et il m'avait fait rêver avec les récits de son pays. Pour moi, l'Afrique est le berceau du monde, un continent où les maillons de la vie ne se séparent pas. Du bébé à l'ancien, chacun a sa place dans la société. Les vieux et les morts existent, on ne les occulte pas comme en Occident. Bref, lorsque Arnaud m'a appelé pour me proposer de l'accompagner dans la communauté Tengenenge en prétextant qu'il n'aimait pas voyager seul, je me suis décidé en dix jours, le temps de réorganiser mon planning !

Nous avons reçu un accueil fabuleux des sculpteurs du village, notamment de Fanizani Akuda, artiste aujourd'hui renommé et coté. Nous nous sommes immergés quinze jours durant dans la vie du village, avec les sculpteurs et leurs familles. Ils nous ont montré leurs techniques et leurs « secrets de fabrication » avec une générosité extraordinaire. Arnaud et moi oscillions sans cesse entre la gaieté et l'émotion, c'était à la fois jubilatoire et perturbant. Ce voyage nous a tant marqués qu'il était impossible d'en rester là. Nous y sommes retournés avec mon fils Jérémy. Il était encore adolescent, l'âge où l'on est tenté par les signes extérieurs de richesse et la frime… En voyant des gens souriants dans des conditions de vie aussi précaires, en partageant leur quotidien, il a réalisé qu'il y a des valeurs plus fortes que l'argent. Nous en parlons encore…

Lorsque Arnaud a transformé son atelier en galerie, il m'a demandé d'y participer en lui apportant mon regard critique de chef d'entreprise. Je l'épaule aussi en cas de difficulté, mais nous avons davantage un rapport d'amitié et d'artistes que de mécénat. Il aimerait que je sculpte davantage et que j'expose, mais cela me demanderait trop de temps et de force physique actuellement. Plus tard, peut-être…

« C'est le problème avec Daniel, sourit Arnaud. Il s'implique sans retenue dans ce qu'il fait, et il fait trop de choses. C'est un être multiple, intéressant, rigoureux : lorsqu'il examine une œuvre ou une situation, il l'observe sous toutes ses coutures. Il a l'œil, comme on dit, et l'art de voir rapidement l'ensemble et le détail. J'apprécie sa façon de faire face à l'ingrat comme au jouissif, de savoir aussi bien gérer son entreprise que dessiner, peindre ou passer un coup de balai. C'est un homme bien éduqué, simple, porté sur les interrogations humanistes. Je regrette juste qu'il ne s'investisse pas davantage dans ses bronzes, faute de temps. Dommage, parce qu'il a un vrai talent, pour quelqu'un qui n'en fait pas un métier, et j'aimerais qu'il l'exprime plus. »

Gérer autrement

DAVID ET GOLIATH

À l'adolescence, j'ai éprouvé le besoin de me démarquer de mon père. J'avais un côté fils rebelle, pas forcément désireux de lui succéder. Je ne voulais pas d'un itinéraire de fils de famille qui devient chef d'entreprise juste parce qu'il a la chance d'être bien né. Ce n'est pas un hasard si j'ai choisi de créer ma propre marque à 26 ans, alors que mon père m'avait proposé de m'occuper de gestion et de politique commerciale au sein de sa société après m'avoir offert toutes les possibilités de me former : gestion, comptabilité, stage aux États-Unis… et donné la responsabilité de réseaux de vente en Belgique.

Il a respecté ma décision. Je suis devenu chef d'entreprise à 26 ans, il l'avait été à 22 ans. Ça ne m'a donc pas effrayé, nous fonctionnons tous deux sur le mode « Faut y aller ». Les premières années, je débordais d'enthousiasme. Tout était neuf, tout devait être innovant. En 1984, j'ai eu l'idée d'un catalogue qui sente la mer. Épaulé par mon chef de fabrication de l'époque, Jean-Louis Vonnet, et par le directeur scientifique, Hugues Noël, j'ai donné vie à cette idée. L'association de ces deux cerveaux si différents nous a permis de relever ce défi. Nous avions d'ailleurs, à l'époque, protégé cette idée qui nous permet aujourd'hui encore de parfumer les courriers destinés à nos clientes. Nous avions aussi imaginé une pastille odorante pour le téléphone, pensant que le parfum des embruns serait de nature à réduire le stress des coups de fil ! Nous avons également été les premiers à constituer un panel de plusieurs milliers d'utilisatrices de nos produits pour suivre à grande échelle leurs besoins et leurs souhaits, et à joindre aux colis une lettre d'information, *La Vie en bleu*, qui avait pour vocation de sensibiliser nos clientes à l'avancée des recherches scientifiques marines et de les alerter sur les conséquences de l'exploitation inconsidérée du milieu marin. Bref, j'ai vécu plusieurs années euphoriques, durant lesquelles la marque Daniel Jouvance trouvait son identité, une identité qui me parlait et parlait aux femmes... Elle diffusait les valeurs d'harmonie, de sensorialité et de symbiose avec la mer qui sont les miennes. Catherine m'avait rejoint : je lançais des concepts, elle s'occupait des produits, il y avait entre nous une parfaite complémentarité.

Mais au sein du groupe, j'étais perçu comme atypique, ingouvernable. Au cours de certaines réunions, je remarquais une hostilité latente, comme si, au lieu de faire partie du groupe, je devenais un rival. Peu à peu, j'ai senti que j'étais dépossédé de ce qui faisait mon originalité. Peu à peu, au nom des études de marché, je me suis éloigné des concepts de sensorialité et d'harmonie qui me sont chers. Je ne prétends pas que les études de marché sont inutiles, mais elles ne doivent être qu'un outil parmi d'autres, pas une loi d'airain. À trop vouloir « faire de l'Audimat » et vendre aux consommateurs ce qu'ils demandent, on sacrifie parfois l'originalité et la créativité. C'est ce qui était en train de se passer pour mon entreprise.

D'autre part, la disparition de mon frère Didier m'avait profondément bouleversé. Je l'ai déjà dit, j'ai perdu avec lui une partie de moi, et je me sentais affaibli, isolé. Je ne me reconnaissais plus dans mon entreprise et les clientes ont dû le ressentir, car les ventes ont accusé un fléchissement. Ce phénomène est intéressant, car même si la plupart des clientes ne connaissent pas l'homme Daniel Jouvance, elles sentent intuitivement que cette marque correspond à un idéal de vie, et elles s'en sont détournées quand nous avons cessé de le représenter.

Malgré tout cela, les multiples créations que nous avions mises sur le marché et nos actions tournées vers l'Homme et la planète nous ont valu de recevoir en 2006 le prix d'excellence du magazine *Marie Claire*, une récompense décernée par un jury de journalistes de la presse féminine française pour l'ensemble de l'œuvre accomplie. J'en ai été bien évidemment très fier mais ma capacité de rebond était toujours altérée.

Le déclic s'est produit brusquement, après des années où j'ai parfois envisagé de tout abandonner pour faire autre chose. Nous avions une réunion de groupe pour parler de stratégie, et j'ai décidé d'affirmer ma décision de tout reprendre en main, en suivant l'intuition qui m'avait guidé dans mes débuts.

Tout d'abord, j'ai voulu redonner à mes collaborateurs la fierté de travailler dans une entreprise reconnue aussi bien pour sa créativité dans le domaine des cosmétiques que pour ses actions humanitaires et environnementales. À ceux qui n'avaient pas forcément suivi tout notre parcours, j'ai rappelé notre engagement envers la mer, notre participation à des expéditions scientifiques, nos partenariats avec des associations humanitaires et environnementales. J'ai réaffirmé nos valeurs d'équilibre et de respect de la planète, qui impliquent que nous nous investissions de plus en plus dans des actions qui concrétisent cette philosophie.

Pour cela, il fallait que l'entreprise retrouve sa vitalité, afin que les bénéfices qui en découleraient puissent financer ces actions. Ce renouveau passait par une refonte de nos gammes axée sur la simplicité et les besoins essentiels. Je m'étais dispersé dans la complexité des marques et l'obligation de proposer sans cesse de nouveaux produits. J'ai décidé de réduire notre offre en passant de vingt à cinq gammes. C'est amplement suffisant pour répondre à tous les besoins cosmétiques et cela va dans le sens de la sobriété que je souhaite promouvoir. J'ai expliqué aussi que nous allions approfondir les recherches sur la sensorialité liée aux soins cosmétiques afin qu'ils dépassent l'esthétique et apportent un bien-être à la fois physique et mental. Passionné par l'une des plus anciennes médecines de l'humanité, l'Ayurveda, j'avais commencé avec le soin Aquaprana, pour la mise au point duquel j'étais allé en Inde et avais lu de nombreux ouvrages sur la méditation et les relations entre le corps et l'esprit. Cette démarche, qui avait pris dix ans, entre le dépôt du nom « Aquaprana » et la commercialisation, allait se poursuivre. Je travaille actuellement sur un concept de centres polysensoriels où chacun pourra venir découvrir les bienfaits de l'eau mais aussi le bien-être global apporté par des espaces qui font la part belle à l'art et à tous les sens.

Enfin, même si la législation ne nous permet pas pour l'instant d'être étiquetés « cosmétiques bio » – car ni la mer ni les actifs marins ne sont identifiés comme des ingrédients biologiques –, nous allions dans toute la mesure du possible recourir à des substances naturelles, en limitant voire en supprimant les additifs et conservateurs, et prendre garde à préserver le milieu marin, base de notre activité.

Ce discours qui aurait pu susciter des craintes et des résistances a finalement été bien reçu, comme si tout le monde était soulagé que je présente une vision d'ensemble avec un vrai projet. Une entreprise, comme un individu ou un gouvernement, doit se fixer un cap cohérent et durable, et non pas réagir au coup par coup et changer de direction en fonction des ventes ou de l'air du temps, comme cela se passe trop souvent. Bien sûr, il peut être nécessaire de « tirer des bords » pour atteindre le cap, mais l'essentiel est de savoir où on veut aller et quelles valeurs on défend. Comme le dit l'adage, il n'y a pas de vents favorables pour celui qui ignore sa destination.

RESSOURCES HUMAINES

J'ai écrit au début de ce livre qu'un des drames de la société mondialisée est que nous avons cessé de nous aimer. D'aimer les autres et de nous aimer nous-mêmes. Cette constatation vaut également pour le monde de l'entreprise. Il ne s'agit pas de prôner une affectivité infantile qui n'a pas sa place dans le monde du travail. Un salarié ne travaille pas pour faire plaisir à son patron, pas plus que ce dernier ne paye son salarié parce qu'il l'aime. Il rémunère des compétences et des responsabilités. En revanche, je pense que le respect de l'autre et la confiance mutuelle expriment une affectivité positive à tous points de vue dans les relations professionnelles. Lorsque les gens viennent travailler avec plaisir et non avec la peur ou l'ennui au ventre, lorsque le patron sait reconnaître le travail effectué et le dit à ses collaborateurs, les uns et les autres ont le sentiment de faire partie d'un projet collectif qui leur permet de s'épanouir et d'exprimer leurs qualités. C'est bon pour leur santé physique et morale et bon pour l'entreprise. Je suis persuadé qu'on obtient davantage par la gentillesse et le respect qu'en terrorisant ses collaborateurs. Le stress au travail – qui va parfois jusqu'au suicide[1] – est un désastre humain et financier, une honte pour une société qui se prétend civilisée. Dans un monde qui dispose d'outils technologiques extraordinaires

1. On recense en France 400 suicides par an liés au stress professionnel. Fait nouveau en 2007, au moins une dizaine de salariés, dont plusieurs cadres, se sont suicidés sur leur lieu de travail.

pour simplifier les tâches et gagner du temps, il est anormal que la pression psychologique soit devenue si lourde.

Cela dit, le recrutement des collaborateurs n'est pas une affaire simple, notamment dans une entreprise comme la mienne qui appartient à un groupe mais a plutôt une logique de PME. Une entreprise qui me ressemble mais dans laquelle, si je veux qu'elle progresse, je dois inclure des collaborateurs qui fonctionnent comme moi et des personnalités tout à fait différentes, qui apporteront un autre regard sur les problèmes à résoudre. L'intelligence collective doit, comme les deux hémisphères du cerveau, utiliser tantôt l'analyse, tantôt l'intuition.

L'autre paramètre important est la pérennité. Je crois à la fidélité et à la durée des liens pour travailler en toute confiance et créer une culture d'entreprise acceptée par tous. Beaucoup de mes collaborateurs actuels sont des salariés de la première heure. J'ai par exemple rencontré Philippe Pétillon, l'actuel directeur général des laboratoires Jouvance, quand j'avais 21 ans. Il travaillait chez Danone, j'étais en Belgique pour réorganiser la vente par correspondance d'Yves Rocher. J'ai proposé à Philippe d'entrer dans le groupe et nous avons travaillé plusieurs années ensemble. Des années de jeunesse qui plus est, ce qui a soudé notre complicité. Nous étions à l'âge où la vie s'offre à nous, où tout semble possible. L'âge des enthousiasmes qui forge des amitiés durables, comme celles qu'on noue durant ses années d'études.

Philippe m'a rejoint chez Jouvance après la mort de mon frère Didier. Il est devenu directeur général de l'entreprise. Outre la charge managériale propre à ce poste, il a la redoutable responsabilité de répercuter dans les équipes les idées que je lance afin qu'elles deviennent opérationnelles. C'est un travail de traducteur et de modérateur. J'aime penser vite, laisser libre cours au jaillissement des idées. Cela peut donner à certains l'impression que je pars dans tous les sens, mais ceux qui me fréquentent depuis des années ont l'habitude de ce fonctionnement. Les plus intimes savent prendre du recul et attendre sans panique que j'aie décanté les choses. Philippe est de ceux-là. C'est un atout pour moi de pouvoir confier la direction générale de l'entreprise à quelqu'un qui me connaît bien et sur qui je sais pouvoir compter.

Hugues Noël, le chimiste capable de jongler avec les actifs marins, les excipients et la réglementation cosmétique, est entré dans l'entreprise dès sa création. Nous fonctionnons de façon très dynamique dans ce fameux « ping-pong intellectuel » où je lance des idées, à charge pour lui de les réaliser… ou de canaliser ma folie créatrice en me démontrant que telle ou telle chose est infaisable ou trop coûteuse. J'ai un immense respect pour Hugues, pour ses compétences en chimie et pour sa rigueur. Lorsqu'il avance un argument, je sais que celui-ci a été mûrement pesé et réfléchi et je lui fais toute confiance. Cette confiance lui permet d'exprimer pleinement ses qualités, alors qu'ailleurs il avait eu du mal à se faire reconnaître. Sa rigueur était prise parfois pour de la rigidité ou de l'intransigeance.

Enfin, dans un service où d'ordinaire les collaborateurs passent en coup de vent, celui des relations publiques, Françoise Stephan-Heintze officie depuis plus de dix-huit ans. Elle est la mémoire de l'entreprise, elle en connaît les méandres, les différentes périodes, les évolutions et les questionnements. Nous travaillons de manière très proche. Françoise n'ignore rien de mes centres d'intérêt et de ma façon de réagir et peut anticiper les choses. Ajoutons qu'au fil des années elle a constitué un précieux carnet d'adresses de scientifiques, de journalistes ou de personnages atypiques venant du monde de l'art et du milieu associatif. Elle sait combien j'ai besoin de me frotter à d'autres cerveaux et elle joue un rôle d'interface entre l'extérieur et moi, de façon à me ménager des contacts intéressants et à me préserver des autres ! Ce fonctionnement serait impossible sans notre long passé commun qui nous permet de nous comprendre rapidement.

Je pourrais citer bien d'autres fidèles de l'entreprise, car nous constituons un noyau d'anciens auquel je suis attaché, une chaîne de compétences dont chaque maillon est important. La difficulté pour un dirigeant est de trouver pour chaque tâche le maillon qui convient et de faire ensuite fonctionner l'ensemble en harmonie. À l'autre extrémité de la chaîne, nous avons de jeunes diplômés qui viennent faire chez nous leurs premières armes. Nous sommes un peu leur centre de formation professionnelle, qu'ils quittent ensuite pour trouver un meilleur salaire ou diversifier leurs expériences. L'un des enjeux futurs sera de conserver quelques-uns de ces jeunes pour assurer la relève…

Quelle que soit l'attention que j'ai portée au recrutement, il peut arriver un jour qu'un maillon craque parce qu'il n'a pas les compétences requises ou ne correspond pas au mode de fonctionnement de cette entreprise, ou encore parce qu'il souhaite voir d'autres horizons. Dans ce dernier cas, la rupture est simple puisqu'elle est voulue par le salarié. En revanche, j'ai énormément de mal à gérer la rupture que j'initie. C'est comme un divorce : j'essaie de le faire à l'amiable en ménageant les deux parties, mais cela me coûte toujours. Finir une histoire, même si j'en reconnais la nécessité, est perturbant, mais la vie est souvent pleine d'imprévus et il m'arrive parfois de recevoir un appel téléphonique d'un ancien collaborateur et de faire à nouveau un bout de chemin avec lui. Les ponts ne sont jamais rompus définitivement. C'est ainsi que nous organisons depuis peu des séances de sophrologie par petits groupes dans nos bureaux parisiens. Ces séances ont été mises au point par un ancien collaborateur, qui travaillait pour nous comme statisticien, puis est devenu sophrologue après avoir quitté l'entreprise.

Depuis que j'ai clarifié les objectifs de l'entreprise et fait le tour des services afin que tout le monde soit associé à ce projet, je retrouve le plaisir et la motivation qui m'ont fait défaut pendant quelque temps. Mes collaborateurs s'en rendent compte. Une énergie nouvelle circule entre nous, et, de mon côté, je veux leur rendre l'énergie et les connaissances qui me sont apportées par les missions sur le terrain, le comité scientifique et les découvertes que j'ai faites hors de l'entreprise.

J'espère de tout cœur que ces nouvelles orientations généreront des bénéfices et du bien-être. Le rôle d'un dirigeant est de gagner de l'argent pour que son entreprise perdure et progresse. Cela n'a rien de choquant si cet argent est bien utilisé, avec trois impératifs : investir pour l'avenir de l'entreprise ; redistribuer une partie des richesses produites à ceux dont le travail a permis cet enrichissement ; participer, à notre échelle, au financement de projets humanitaires ou écologiques qui pourront rendre ce monde meilleur. Cela peut sembler naïf, mais j'ai tellement rêvé d'un monde meilleur quand j'avais 20 ans que j'aimerais ne pas quitter cette terre sans y avoir contribué.

MA FUTURE ENTREPRISE

Je ne rêve pas d'être un chef d'entreprise avec la « tête dans le guidon », ni un membre de la jet-set. Je côtoie très peu de patrons, mais lorsque cela m'arrive et qu'ils me parlent de leurs voitures, de leurs bateaux ou de leurs profits en Bourse, je leur réponds qu'à mon sens l'entreprise n'est pas faite pour ça. J'ai été malheureusement trop bien élevé pour me permettre de leur dire franchement ce que j'en pense, et pourtant j'aurais envie de leur crier : « Ouvrez les yeux, regardez comment vivent les autres ! » La société est devenue terriblement amorale et ça me gêne. Ça me gêne qu'on glorifie l'enrichissement démentiel de certains et qu'on dévalorise l'honnêteté. Aujourd'hui, être honnête c'est pratiquement être un « couillon », tandis que l'arrogance est devenue pour d'autres le comble de la réussite sociale. La flambée du luxe ne me dit rien qui vaille, elle me fait penser aux Années folles, une course en avant où le futile devient source de désir déraisonnable. Cela cache quelque chose du style « après moi, le déluge ». Mais c'est aussi à mes yeux le signe avant-coureur d'une mutation profonde et certainement plus rapide qu'on ne l'imagine, qui, je l'espère de tout cœur, apportera à notre planète et à ses habitants une vision du bonheur où le matériel reviendra à sa juste place.

Ma future entreprise, je la veux florissante mais surtout responsable de ses actes dans la recherche, la fabrication et la commercialisation. Ces principes nous ont toujours guidés. Il y a des années que je m'informe auprès de chercheurs qui m'aident à comprendre le milieu marin pour ne pas l'abîmer, des années que je m'efforce de concevoir des produits qui économisent l'eau et les matières premières[1], mais ces préoccupations seront désormais incontournables. Chaque geste, chaque décision dans cette entreprise prendront en compte l'impact écologique et l'intérêt pour le bien-être des collaborateurs et des clientes.

Nous sommes de gros consommateurs de papier, comme toute entreprise de vente par correspondance. Aussi apportons-nous un soin tout particulier à la sélection de nos partenaires imprimeurs pour ne retenir que ceux qui ont adopté une attitude responsable face à la gestion des forêts destinées à la filière papier. La plupart ont d'ailleurs le label Imprim'Vert qui garantit le respect de la réglementation pour l'élimination des déchets, le stockage sécurisé des produits et liquides dangereux afin d'éviter toute pollution accidentelle et la non-utilisation de produits toxiques dans les ateliers offset. Nous projetons d'utiliser sur nos prochaines gammes du papier recyclé et de l'encre végétale pour l'impression des documents et du carton à microcannelures pour les emballages, afin de limiter encore plus notre impact sur l'environnement. Chaque collaborateur a déjà pour consigne de communiquer le plus possible par courriel, sans imprimer les messages envoyés ou reçus. Dans tous les bureaux nous allons organiser une sensibilisation pour que les comportements écologiques – éteindre les lumières et les appareils en veille, utiliser des ampoules basse consommation, baisser le chauffage, fermer les robinets – deviennent des réflexes.

Par ailleurs, l'entreprise doit prendre soin de ceux qui y travaillent, car une société équilibrée ne peut pas se contenter de dire aux gens « gérez mieux votre stress » ou « soignez-vous » quand ils craquent. Autant que faire se peut, il faut

1. L'Aqua-Energiseur® économise jusqu'à 50 % d'eau, la ionise et l'enrichit. Les Éco-Recharges® économisent des tonnes de matières plastiques. Les catalogues petit format sont moins gourmands en papier, etc.

réduire les sources de stress et instaurer des conditions de travail qui n'usent pas prématurément la santé. La médecine du travail recommande de faire une pause toutes les deux heures quand on travaille sur écran. On le sait, on l'oublie. J'aimerais trouver un logiciel qui rappellerait toutes les deux heures aux salariés qu'il est temps de s'étirer et de se détendre. Il y a sûrement de multiples choses à imaginer du côté de la relaxation et de l'amélioration des postes de travail, comme nous avons commencé à le faire avec les « pauses sophrologie » dont j'ai déjà parlé. Dans un domaine encore plus innovant, les recherches sur le plancton – source principale d'oxygène de notre planète bleue – nous amèneront sans doute à reconsidérer les toits de nos immeubles comme des bassins potentiels de capteurs carboniques et générateurs d'oxygène.

Nous allons également travailler sur les formules des produits pour les rendre encore plus naturelles, sans toutefois céder à des impulsions irrationnelles. La mode des cosmétiques « bio » a jeté l'anathème sur les conservateurs de synthèse et propose des produits sans paraben ni conservateurs mais riches en huiles essentielles. L'intention est louable, cependant nous nous devons de vérifier l'innocuité des composants dits naturels. Les conservateurs de synthèse ont des inconvénients qui ont été largement étudiés. Les chimistes connaissent leurs risques et les doses à ne pas dépasser. En revanche, les composants dits naturels n'ont pas été évalués à l'échelle industrielle. On les considère comme des substances « traditionnellement utilisées », ce qui veut dire qu'elles sont connues depuis longtemps, mais elles n'ont pas subi les tests de réaction allergique ou de toxicité exigés pour les molécules de synthèse. Il n'est pas exclu qu'elles provoquent des accidents qui n'apparaissaient pas tant qu'elles étaient utilisées à petite échelle. Le changement d'échelle multiplie les risques quelle que soit la substance. Nous devons donc poursuivre notre démarche d'évaluation scientifique de tous les composants pour garder et accroître notre crédibilité et surtout garantir à nos clientes l'innocuité optimale de nos produits. L'utilisation de microalgues ou de l'eau de mer transformée en eau physiomarine nous a déjà permis d'augmenter considérablement le taux de naturalité dans nos formules. Par ailleurs, nous produisons en aquaculture la plupart de nos actifs et mettons un point d'honneur à développer le plus possible ces derniers dans notre centre de recherche et de démultiplication de l'île d'Houat. Ce centre de biotechnologie active va nous servir également de lieu d'expérimentation pour la mise au point de générateurs d'oxygène à partir de la culture des microalgues. C'est un projet que nous menons avec un des membres du comité depuis le début des années 2000. L'air et l'eau étant les éléments les plus importants pour la vie sur notre planète, il est nécessaire d'en comprendre le cycle de production et de mettre en évidence qu'au début était et est la mer…

Enfin, notre démarche interne de responsabilisation envers l'environnement se poursuivra en direction des clientes. Ainsi, pour ce qui est de l'eau, les recherches que nous avions initiées dans les années quatre-vingt-dix nous ont permis de commercialiser un pommeau de douche qui réduit jusqu'à quatre fois la consommation d'eau tout en l'énergisant grâce à des pastilles d'oligoéléments et de sels minéraux. Nos collaborateurs ainsi que des milliers de clientes utilisent cet objet qui, pour moi, est le symbole de notre implication directe sur l'économie de l'énergie la plus précieuse, l'eau… Depuis des années, nos clientes ont été aussi sensibilisées au milieu marin grâce à la lettre d'information qu'elles reçoivent, et ont été invitées à participer à certaines actions. Désormais, nous les tiendrons au courant de ce que nous faisons dans l'entreprise pour préserver la planète, et nous les associerons davantage à nos engagements humanitaires.

Au final, je suis intimement convaincu que nous avons tout à gagner, y compris sur le plan économique, en retrouvant une identité forte portée par des valeurs de respect de la nature et des personnes. Une entreprise où l'on se sent bien stimule ceux qui y travaillent. Des produits qui apportent du bien-être et pas seulement du paraître ont toutes les chances de séduire. Des femmes qui sentent que nous ne travaillons pas seulement pour faire des profits mais pour que l'argent gagné contribue à améliorer la société apprécieront d'être partie prenante dans ces projets. Je l'espère car j'ai l'ambition que l'écologie génère une autre forme d'économie, qui cesse de gaspiller et donne des moyens pour réaliser de bonnes choses. J'ai tout simplement envie qu'il fasse bon vivre en société pour tout le monde, pas seulement pour quelques-uns, qui de surcroît n'ont pas l'air si heureux. Au fond, j'ai un petit côté collectiviste…

Par respect, par discrétion, mon père et moi avons toujours fort peu parlé de nos entreprises respectives et des détails quotidiens de notre vie professionnelle. En revanche, nous avons souvent discuté des principes qui nous importent, avec une obsession commune : « Que pouvons-nous faire pour donner un sens à notre vie ? » J'ai l'intuition qu'il ne devrait pas désapprouver ce que j'engage aujourd'hui.

Énergie vitale

AU-DELÀ DE NOS LIMITES...

C'est un long tunnel blanc qui semble interminable. Je glisse dedans, je suis emporté à une vitesse prodigieuse, au bout jaillit une lumière éblouissante qui entre dans mon crâne, explose... Je sais que je suis en train de mourir, je me le dis : « Cette fois, c'est la fin, je pars... » Comme dans un brouillard, mais très nettement cependant, j'entends Catherine appeler : « Daniel ! Daniel ! » Elle me ramène à la vie. Je sens des décharges électriques dans tout le corps – plus tard j'apprendrai qu'il s'agit du défibrillateur que les médecins ont branché en urgence – puis c'est la détente : je flotte dans une brume verte, ce n'est pas désagréable, avant de reprendre peu à peu conscience. J'ouvre les yeux : autour de moi, des visages et des corps s'agitent en accéléré...

C'était en 2003. À l'époque, j'expérimentais des techniques de respiration contrôlée qui me donnait une « pêche » extraordinaire. Je n'avais besoin que de quatre heures de sommeil. Je me couchais à minuit, me réveillais à 4 heures et me levais aussitôt tandis que la famille dormait. J'aimais ce sentiment de disposer d'un temps tranquille, d'un univers à moi, sans bruit et sans téléphone, qui me permettait de faire une foule de choses dans un état de vraie concentration. Ces journées de vingt heures ne me fatiguaient pas, au contraire. Je me sentais euphorique, excité. Je n'avais pas conscience que j'étais en train d'épuiser mon énergie.

Un jour, j'ai ressenti une douleur violente au niveau des poumons, comme si j'avais reçu une barre métallique en pleine poitrine. J'en ai eu le souffle coupé, mais me suis dit :

« Restons calme, ça va passer. » Je pensais que cette douleur était pulmonaire. J'ai passé le reste de l'après-midi sur ma chaise de bureau à roulettes, me déplaçant assis tant j'avais mal dès que j'essayais de me lever. Mes collaborateurs étaient inquiets, je leur ai promis d'aller voir un médecin dès le lendemain matin, car je voulais terminer le travail en cours. Le lendemain après-midi, j'étais censé prendre un avion…

À la description de mes symptômes, le médecin m'a immédiatement fait hospitaliser pour un bilan cardiaque. On m'a remis une liasse de papiers en me recommandant de bien lire ce qui concernait les risques liés aux examens et de signer la décharge. Resté seul dans ma chambre, j'ai feuilleté la liasse : il manquait la décharge ! Je n'ai pas eu le temps d'en informer le personnel car, pour une raison que j'ignore, le médecin a décidé d'avancer à 13 heures les examens prévus à 15 heures. Je n'ai même pas eu le temps d'avertir Catherine, mais avec la prescience des gens sensibles elle en a eu l'intuition : « Je n'ai pas de sixième sens, corrige Catherine, je me contente d'observer Daniel et je sens avant lui ses fragilités. Ce jour-là, j'ai téléphoné à l'hôpital pour lui parler, au moment précis où on l'emmenait en salle d'examen. Je me suis précipitée à l'hôpital, très inquiète de ce changement d'horaire qui ne me disait rien qui vaille, et pendant que j'attendais dans sa chambre, je ne cessais de penser à lui, de lui parler intérieurement. La voix qu'il a entendue était sûrement la mienne, mais je n'étais pas à côté de lui ! »

Le lendemain, j'ai su ce qui s'était passé. Comme j'avais expliqué aux médecins qu'il m'arrivait d'avoir des pincements douloureux au niveau de la poitrine, ils avaient décidé de provoquer un spasme avec un produit injecté, pour observer les réactions de mon organisme. En fait de spasme, j'ai fait un arrêt cardiaque. Grave. Une infirmière m'a confié qu'on m'avait récupéré *in extremis*. Vous imaginez la panique si j'étais mort alors que je n'avais pas signé la décharge !

Cet accident m'a profondément marqué. Ce n'était pas la première fois que je frôlais la mort : j'ai eu deux graves accidents de voiture, un accident de plongée et une infection par un staphylocoque pernicieux, mais comme je m'en suis toujours sorti, je me croyais presque éternel. L'arrêt cardiaque m'a montré mes limites. On se croit un roc, alors qu'en réalité on est fragile.

J'ai fait le parallèle avec nos attitudes collectives. L'humanité a traversé avec succès des événements très difficiles, des séismes, des sécheresses, des famines, des épidémies et des guerres, même s'ils lui ont coûté des millions de victimes. De ce fait, l'espèce humaine se sent quasiment invincible, comme je croyais l'être après mes accidents. Jusqu'au moment où l'on atteint les limites.

Il n'est pas impossible – et, pour la première fois dans l'histoire, des scientifiques l'envisagent comme une hypothèse plausible – que l'humanité disparaisse, comme ont disparu des milliers d'espèces. Les dernières mesures sur le terrain montrent que la fonte de la banquise d'été ne se fera pas en cinquante ans, mais en dix ou quinze ans maximum, autant dire demain ! Il y a un effet « domino » dans les phénomènes écologiques, des interdépendances qui induisent des dégradations des milieux que nous n'imaginions pas il y a peu. Or tout se passe comme si nous savions qu'il y a un risque énorme mais que nous refusions d'y croire.

Cette attitude bien connue des psychologues qu'on appelle le « déni » existe chaque fois qu'un changement important dans l'existence oblige à faire le deuil de la situation antérieure. On met du temps à accepter une rupture amoureuse ou à admettre la disparition d'un proche, même si on l'a vu dans son cercueil. J'ai conscience qu'à la mort de mon frère Didier j'ai vécu ce déni qui m'a plongé dans un trou noir pendant longtemps. Faire son deuil est indispensable pour continuer à vivre et parfois entamer une période d'existence plus harmonieuse, où on saura se recentrer sur l'essentiel. C'est beaucoup plus sain et libérateur que de nier l'évidence.

Nous devons faire notre deuil de l'illusion que la Terre est inépuisable et que la croissance économique est synonyme de bonheur. C'était vrai pendant les Trente Glorieuses, période de reconstruction et de modernisation de 1945 jusqu'au premier choc pétrolier, pendant laquelle la France a su concilier expansion économique et solidarité. Le choc pétrolier de 1973 aurait dû nous faire prendre conscience, dès cette époque, qu'il fallait changer de modèle et s'orienter vers la « simplicité heureuse » que les écologistes prônaient déjà. Les solutions alternatives qu'ils proposaient étaient, à peu de chose près, les mêmes que celles dont on nous parle aujourd'hui. Nous avons perdu plus de trente ans…

Pourtant, aujourd'hui encore, beaucoup de gens restent dans une phase d'agitation où ils veulent se persuader et persuader les autres que le « toujours plus », la croissance matérielle et le progrès technologique nous sauveront. L'écologie leur apparaît comme une idéologie anti-progrès alors qu'elle est, au contraire, un levier pour inventer du neuf. Cependant, de plus en plus nombreux sont ceux, dont je fais partie, qui en ont assez de cette société matériellement si riche et humainement si dure, qui épuise les ressources de la Terre et épuise nos énergies. Nous sommes certains qu'il est possible de vivre mieux et plus heureux en prenant soin de la Terre et de ses habitants végétaux, animaux et humains. Ce n'est pas vivre moins bien, c'est l'inverse.

Je reprendrai le parallèle avec mon problème cardiaque. À la sortie de l'hôpital, je suivais un traitement polymédicamenteux qu'on m'avait présenté comme indispensable. Je le prenais donc scrupuleusement et je n'ai pas tardé à en ressentir les effets secondaires : mon cœur se tenait tranquille, mais j'avais des gênes respiratoires et des problèmes de motricité, je m'empâtais et surtout j'étais constamment fatigué. Je me sentais vieilli, diminué et stressé par le regard des autres, affectueux mais compassionnel, qui me montrait combien j'avais changé. Je m'efforçais de vivre « comme avant », mais ce n'était plus possible, mon énergie naturelle était trop amoindrie et les médicaments ne me la rendaient pas, au contraire.

Au printemps 2007, j'ai pris l'initiative, qui n'engage que moi, de changer de stratégie. J'ai arrêté le traitement, en ne conservant que la trinitrine, que je garde en permanence à portée de main pour pouvoir faire face à un éventuel malaise. J'ai arrêté de me croire un surhomme et décidé de prendre soin de moi. Chaque jour, je marche au moins une demi-heure pour muscler mon cœur. Je travaille toujours beaucoup, mais je me réserve du temps de relaxation et de méditation pour me recharger en énergie. J'apprends aussi à discerner l'urgent de ce qui peut attendre, l'essentiel de l'accessoire et ne veux plus me laisser déborder. Enfin, j'évite les relations toxiques qui minent et ne sont pas fécondes. Ce rapport économe et écologique à mon organisme porte ses fruits : je me sens bien et j'ai retrouvé du tonus et une confiance en l'avenir que j'étais en train de perdre. J'ai également, ce qui n'est pas contradictoire, la conscience aiguë que la vie peut s'interrompre à tout moment et c'est pourquoi je ne veux plus attendre pour mettre en œuvre les projets auxquels je réfléchis depuis longtemps.

Il m'a fallu cette alerte pour prendre conscience de l'urgence de changer de mode de vie, urgence qui existe aussi à l'échelon mondial. C'est très banal : les changements importants se produisent souvent à la suite d'un déclic qui vous fait ressentir que les jours sont comptés, qu'il n'est plus temps de seulement discuter et qu'il faut désormais agir. Au niveau individuel, c'est souvent une maladie grave, un accident ou la perte d'un proche qui sert de signal d'alarme. Au niveau collectif, la multiplication des accidents climatiques, la hausse du prix des matières premières, la disparition de milliers d'espèces végétales et animales, la mort annoncée des récifs de coraux, la guerre de l'eau qui se profile, les conflits directement ou indirectement liés à la maîtrise des ressources énergétiques, la montée des intégrismes… sont autant de déclics qui doivent nous interpeller et nous pousser à faire le deuil d'une société devenue invivable pour en inventer une autre, capable de répondre aux besoins et à l'épanouissement de chacun.

Le problème est qu'il manque une véritable volonté des décideurs politiques et des grands décideurs économiques, multinationales et monde de la finance, assez imperméables à ces préoccupations, comme l'a montré la conférence de Bali. Ils ont été formatés pour le monde où nous vivons actuellement et ont énormément de mal à imaginer un autre modèle puisque celui-ci leur a réussi ! Ils en restent au stade des discussions et des atermoiements interminables. Comme beaucoup de gens en France, je crois, je me sens un peu perdu au niveau politique, faute d'un projet collectif enthousiasmant. Dans le sérail politique on parle beaucoup, on complexifie beaucoup, et ceux qui agissent restent dans la logique d'une économie prédatrice.

Je mets beaucoup plus d'espoir dans ce qu'on appelle « la société civile ». Un peu partout dans le monde, des associations compétentes agissent pour freiner les dégâts causés par l'exploitation démesurée de la planète et des plus démunis. Les jeunes générations sont très sensibles à la nature et rêvent d'un monde où l'on pourrait observer les dauphins et découvrir de nouvelles espèces plutôt que d'un monde où chaque jour plusieurs plantes terrestres ou organismes marins disparaissent. Il suffit de regarder sur Internet pour découvrir une profusion d'initiatives menées par des individus, des associations et un nombre croissant d'entreprises qui s'engagent dans ce qu'on appelle le « développement durable », que je préfère qualifier d'« économie responsable ». Les pays émergents s'intéressent à leur tour à la préservation des ressources naturelles qu'ils savent nécessaires à leur survie, preuve que l'écologie n'est pas une lubie de nantis mais une préoccupation essentielle. Ainsi, le groupe indien Tata Motors s'apprête à commercialiser des voitures non polluantes fonctionnant grâce à un moteur à air comprimé inventé par un bureau d'études français (MDI[1]). Il est évident que la Chine, elle aussi, va s'équiper de voitures, même si on peut déplorer qu'elle ne donne pas la priorité aux transports en commun et aux deux-roues non polluants. Faute de l'en empêcher – et de quel droit l'empêcherions-nous d'avoir ce dont nous disposons depuis des décennies ? –, elle va devoir construire des unités de production de véhicules pas ou peu polluants, car l'atmosphère ne peut pas absorber sans dommages la pollution engendrée par un milliard de voitures aux normes actuelles. Déjà, l'économie chinoise investit dans l'énergie solaire et dans des concepts d'écolo-villes où la construction, les transports et l'alimentation intègrent en amont les impératifs écologiques. Un industriel, également chinois, teste un lave-linge qui fonctionne par électrolyse, sans produit de lessive. En Europe, un inventeur cherche à développer un concept de lampes intégrant des algues, qui absorbent la pollution et purifient l'atmosphère[2].

Le développement du futur *doit* à l'évidence être différent de celui d'aujourd'hui, et loin d'être économiquement néfaste, cet impératif stimule la créativité et la production de richesses utiles. Ceux qui relèveront ce défi y gagneront, sans nuire à l'environnement.

En ayant découvert puis accepté ma fragilité, j'ai acquis une sérénité qui me rend plus efficace : je sais où aller, comment le faire, et pourquoi ne pas attendre. Le même processus peut se produire au niveau collectif si nous admettons

1. MDI préconise par ailleurs des unités de production locale, pays par pays, pour être au plus près des consommateurs et limiter les transports de marchandises coûteux et polluants.

2. Toutes ces informations ont été annoncées dans les médias au moment de la rédaction de ce livre.

l'idée que les ressources de la Terre ne sont pas inépuisables et que l'humanité, qui en dépend, est fragile. Comme le rappelle souvent le professeur Jean-Marie Pelt : « Nous avons tout intérêt à respecter la nature, car si la nature peut se passer des hommes, les hommes ne peuvent absolument pas se passer de la nature. »

INSTANTANÉS DE VOYAGE

Je l'ai déjà écrit, seule une urgence incontournable peut m'empêcher de partir en mission avec les chercheurs. J'ai un besoin vital de ces parenthèses dans mon parcours de chef d'entreprise. Sans elles, je pense que j'aurais une vision faussée du monde, comme on reproche aux technocrates ou aux hommes politiques de ne connaître de la vie que le sérail dont ils sont issus. Il est essentiel de regarder vivre les autres pour comprendre qu'il n'y a pas une vérité immuable et que, sur les trois quarts de la surface du globe, des populations ont un mode de vie totalement différent de nos habitudes occidentales, modèle dominant mais pas universel.

Lors de chaque mission, je prends beaucoup de photos et je filme alors que nous avons des professionnels pour rapporter toutes les images nécessaires à notre communication. Les miennes sont personnelles et l'un de mes grands plaisirs est de les monter au retour, pour revivre des moments forts. Je m'aperçois alors que je cadre souvent en plan très rapproché : un tronc d'arbre envahi par des lianes saprophytes, des regards qui m'observent, des gestes de pêcheurs ou de forgerons, des enfants rieurs... Ces images révèlent mieux que de longs discours combien les hommes sont à la fois semblables et différents. Ils ont tous besoin de nourriture quotidienne et d'un abri pour la nuit, mais disposent de moyens bien différents pour les trouver. Quelle distance entre les rayons garnis d'un supermarché et le filet d'un pêcheur qui remonte quelques rares poissons, entre la villa de luxe et la tente en plein vent ! Une seule photo suffit parfois à me replonger dans un pays lointain.

Souvenir du Népal : L'association Planète enfants avec laquelle nous avons travaillé a été élue association de l'année et a reçu le prix des Droits de l'homme. Ses représentants ont été invités à l'Élysée et ont rencontré le Dalaï-Lama. Face aux honneurs qui les comblent, je découvre l'envers du décor de l'humanitaire, l'appropriation politique d'une action, les jeux de pouvoir, les ego qui s'enflamment… J'ai refusé de participer à ces festivités pour laisser la vedette à Planète enfants. J'accepte cependant de les accompagner au Népal où nous avons soutenu plusieurs de leurs actions. Un soir, après cinq ou six heures de marche exténuante, nous arrivons dans un village où nous sommes accueillis par des musiciens qui nous font oublier instantanément notre fatigue. Comme il commence à pleuvoir, je répartis tout le monde dans les cases. Quant à moi, je trouve refuge dans l'école que nous avons financée. Je m'assois sur un banc, face à un jeune homme handicapé qui me fixe avec attention. Je le regarde aussi, on se sourit, et j'ai enfin le sentiment qu'il circule quelque chose de fort et d'authentique dans ces échanges muets.

Première mission en Tunisie : Organisée par l'association Ardoukoba, cette expédition a des moyens réduits, les conditions de vie et de délabrement sont incroyables. Je découvre la capacité des chercheurs à assumer ce quotidien sans grogne et à s'adapter à toutes les situations, qui, mieux que leurs diplômes, prouve leur intelligence.

Île de Socotra, Yémen : Avant notre départ pour l'île, nous sommes hébergés dans une maison de Sanaa, la capitale du Yémen. Des plateaux-repas nous sont servis mais l'équipe est fatiguée et personne n'y touche ou presque. Chacun part se coucher, je n'arrive pas à dormir. Tandis que mes camarades s'assoupissent, je récupère sur les plateaux les petits pains et les denrées non périssables. Le lendemain matin, réveil à 4 heures. À l'aéroport militaire, nous subissons, le ventre vide, un interminable discours des autorités. Les palabres commencent. Enfin le départ, il est 16 heures et nous n'avons toujours rien mangé. L'avion fait une escale sur une piste déserte. Rien à l'horizon. C'est à ce moment que je peux enfin distribuer aux membres de l'équipe les vivres récupérés la nuit précédente. Le soulagement est visible sur le visage de chacun.

TEMPÊTE AUX ALENTOURS D'HOUAT : Nous sommes quatre à bord d'un voilier, la mer est déchaînée. Il me semble dangereux de rester au port, il y a trop de bateaux malmenés par le vent, trop de risques de collision. Nous ressortons au large, le foc est pris au vent, il faut affaler en urgence sous peine d'être ramenés vers les rochers. Je me précipite à l'avant pour le faire. Tandis que le voilier affronte des creux impressionnants, je disparais aux yeux de mes coéquipiers, le temps pour moi de réaliser cette manœuvre. Durant ces longues minutes, ils croient que je suis passé par-dessus bord. Lorsque je réapparais, ils sont soulagés et en colère devant ce qui leur semble de l'inconscience. C'est vrai et sans doute stupide, mais le risque m'attire, j'aime le gros temps en mer et, surtout, il fallait bien que quelqu'un fasse cette manœuvre. Après avoir affalé le foc, je descends me reposer dans le carré. Mes camarades ne me voient de nouveau plus pendant un moment. J'adore entendre du fond du bateau les vagues frapper la coque, les sentir cogner contre les hublots. J'ai l'impression d'être sous l'eau, confronté à une énergie extraordinaire qui m'équilibre.

ÎLES GLORIEUSES, 2003 : Je filme un tronc d'arbre, un immense papayer au sommet duquel se trouvent deux fruits verts et un mûr. Un oiseau se pose tout près des papayes et attaque avec son bec le fruit mûr. Il le creuse, arrache des morceaux de pulpe et disparaît bientôt jusqu'à mi-corps à l'intérieur de la papaye avant de céder sa place à un autre oiseau. Plus tard, sur la plage, je filme la course oblique des centaines de crabes qui envahissent le sable dès la nuit tombée. J'ai l'impression d'être le voyeur émerveillé de sociétés animales très organisées.

MISSION AUX ÎLES HANISH AU YÉMEN : Après une nuit dans le désert, nous embarquons sur un boutre en piteux état pour rejoindre l'île où nous séjournerons, et passons une nuit à la belle étoile. Le bateau craque de toutes parts, des rats circulent sur le pont et viennent flairer nos duvets avec curiosité. Il y a tant de matériel que la place manque pour les passagers. Nous sommes serrés les uns contre les autres, la mer est très agitée. L'un des membres de la mission choisit de se réfugier sur le toit de la petite capitainerie pour se reposer, projet insensé vu les roulis qui secouent le bateau. Je décide d'aller le récupérer tant le risque me paraît inconsidéré. Je le rattrape de justesse au moment où il manque de tomber du toit, et l'oblige à redescendre. Nous passons le reste de la nuit debout, accrochés à ce qui sert de précaire bastingage, les muscles tétanisés par le froid et l'impossibilité de nous déplacer. Heureusement, le lendemain, nous découvrons l'île. C'est un bout de caillou balayé par des vents constants. Pas la moindre végétation pour nous protéger de l'ardeur du soleil, mais après cette nuit d'enfer cette île est un paradis ! Le lendemain l'ambassadeur de France au Yémen nous rend visite en avion. Prévenant, il nous a apporté des vivres ! Les jours suivants, nos yeux seront comblés par la richesse des fonds marins lors de nos plongées journalières.

MISSION AURACÉA AU MOZAMBIQUE : Ce pays ravagé par des guerres successives était à l'époque l'un des plus pauvres d'Afrique. Les vitrines des magasins étaient toutes protégées par des grilles, la pauvreté et la violence régnaient dans la capitale dévastée. Les campagnes n'étaient pas mieux loties car truffées de mines antipersonnel vendues par les pays occidentaux. C'est dans ce climat tendu que la mission Auracéa débarque. Nous quittons rapidement le continent pour l'île d'Ibo où doivent se dérouler nos recherches.

Là, une surprise nous attend. Des vestiges d'une ancienne ville balnéaire construite par de riches Portugais croulent sous les assauts de la jungle. Indiana Jones n'est pas très loin… De grandes demeures flanquées de colonnes résistent tant bien que mal à l'attaque des racines géantes qui s'introduisent de toutes parts, faisant exploser murs et plafonds. Nous allons passer quelques semaines dans ce décor de film d'aventures parmi les iguanes, moustiques et autres bestioles peu recommandables…
Durant ce séjour, la préoccupation principale de l'équipe scientifique est l'étude de la mangrove vaste et dense où les multiples canaux nous obligent à être très vigilants sous peine de nous perdre dans ce dédale végétal et aquatique. C'est là que j'ai pris conscience du problème d'une mangrove attaquée par les activités humaines. Chaque matin les femmes du village vont y récupérer le bois coupé le jour précédent, et petit à petit l'humain détruit la fragile protection que constitue ce manteau vert face à l'assaut des vagues. Aujourd'hui je soutiens d'autant plus le formidable travail que font sur le terrain des associations telles que Univers-Sel ou le Club des plus belles baies du monde.

ÎLE D'IBO, ENCORE : Durant plusieurs semaines, les scientifiques français et mozambicains ont travaillé ensemble sur l'inventaire des espèces végétales et animales qui peuplent le récif et la mangrove. Au terme de l'expédition, nous laissons aux chercheurs mozambicains un exemplaire de l'inventaire afin qu'ils puissent poursuivre ce travail qui demandera des années pour être exhaustif. Au fil des jours nous avons sympathisé avec les villageois et décidons d'organiser un match de foot ensemble. Les scientifiques jouent en tennis ou en tongs. Les villageois, jeunes gens costauds et passionnés de foot, se présentent avec des maillots et des chaussures à crampons que ne désavouerait pas un club français. Nous ne faisons pas le poids et la chaleur d'enfer nous est fatale. Nous perdons le match, mais la foule en délire – 500 personnes dans le stade ! – nous fait une ovation d'autant plus chaleureuse que les villageois ont gagné.

SOUVENIR ÉTRANGE À SOCOTRA : Alain Couté est chargé de trouver un lieu de campement avec l'aide d'un vieux chef yéménite, pêcheur d'éponges de son état. Alors que nous sommes en train de nous installer, un 4 × 4 arrive et enlève le vieux pêcheur. Prise d'otage crapuleuse car ils exigent une rançon de 30 000 dollars ! Après des essais infructueux pour trouver un intermédiaire, nous faisons appel à l'armée, qui embarque tous les jeunes du village. Le vieux pêcheur est rendu sans dommages. Peu après, l'armée libère les jeunes. On ne sait pas trop qui a organisé ce racket raté, mais tout se calme. Le soir nous faisons un méchoui avec les pêcheurs, les villageois et les militaires. Le lendemain, Alain Couté propose au colonel de l'initier à la plongée. Pari risqué, tous ses subordonnés assistent à la leçon. Alain fait très attention, le colonel boit la tasse, puis finit par se débrouiller avec le détendeur. À la sortie, il est accueilli comme un héros par ses soldats.

LES GLORIEUSES, SOUVENIR DE FÊTE : Nous passons une des dernières soirées avec les légionnaires qui ont préparé un succulent buffet. Les membres de la mission ont concocté un texte sur la Légion sur l'air de « Oh ! Hé ! Hein ! Bon ! » chanté en chœur par les scientifiques qu'accompagne Alain Diaz à la guitare. Les légionnaires nous écoutent, ravis. Peu à peu, ils s'enhardissent, reprennent le refrain en murmurant, puis leurs voix s'affermissent et à la fin ce sont eux qui chantent le plus fort ces couplets gentiment irrévérencieux.

NÉPAL, SEPTEMBRE 2000 : Je me trouve par hasard au milieu d'une foule qui célèbre la fête de la Kumari, petite fille désignée comme déesse dès l'âge de 4 ou 5 ans et vénérée comme telle. Pendant ses années de déesse, qui dureront jusqu'aux premières règles, la Kumari est soustraite aux regards du peuple qui n'a le droit de l'apercevoir qu'une fois l'an, lors de la fête. La foule immense est canalisée par l'armée et la police. Uniformes vert olive et bleus face à une marée humaine de toutes les couleurs avec une forte dominante d'orange, de rouge et de rose fuchsia. Un éléphant décoré d'or et d'argent se fraye un chemin dans la cohue, un char décoré également. La famille royale préside la cérémonie. Je devrais faire tache dans cette cérémonie et pourtant je passe inaperçu. Je filme en m'attendant, à tout moment, à me faire confisquer la caméra. Rarement j'ai ressenti à ce point le choc des cultures. Quelques mois après ce voyage, le roi du Népal que j'ai filmé sera assassiné par son frère.

SUMATRA, 1996 : Je suis allé assister au largage de *Ocean Observer*, l'engin sous-marin à bord duquel Guy Delage doit séjourner plusieurs semaines pour observer les courants et la dérive du plancton. C'est une aventure très complexe à gérer. En effet, nous rencontrons des problèmes dès la mise à l'eau de cet habitat sous-marin à Sumatra. Les autorités portuaires voient d'un très mauvais œil cette expédition qu'ils interprètent comme un acte d'espionnage. L'engin est effectivement étrange, bardé d'éoliennes, de capteurs solaires et d'antennes radio, il a tout pour attirer l'attention. Lors de notre arrivée sur le lieu de rendez-vous, l'armée ainsi que la police du port nous y attendent. Confiscation des passeports, mise sous surveillance de l'équipage et interdiction de quitter le quai. Cela commence bien ! Mais ce n'est qu'un début. Après des jours de tractations, l'embarcation peut enfin prendre le large, escortée par de dangereux serpents de mer qui l'ont adoptée… Lors d'une plongée pour rejoindre l'espace de vie de cet engin, j'ai le loisir de découvrir ce monde hostile, mais quel grand plaisir de me retrouver dans cet habitacle flottant entre deux eaux ! Il ressemble à un poisson avec de gros hublots en forme d'yeux. Nous sommes comme dans un aquarium sous-marin. Jacques Rougerie et moi nous étions promis de poursuivre tous les deux cette expérience pendant une semaine, mais les choses n'ont pas tourné comme nous l'aurions souhaité. En effet les élingues en acier reliant la barre à la partie sous-marine prévues par Jacques Rougerie avaient été changées pour d'autres en Kevlar sur les conseils d'amis ingénieurs de Guy Delage. Ce choix eut des conséquences dramatiques pour la suite des opérations.

Donc notre ami Guy prit la mer dans ce drôle de submersible. La mer s'était levée, de grosses vagues malmenaient l'engin. Guy, dont la vie dans cet habitacle devenait de jour en jour plus précaire et difficile, me transmettait ses angoisses, car nous communiquions très fréquemment par téléphone. Lors d'un de ses appels, il nous informe un jour qu'un bateau suspect tourne autour de la barge, peut-être des pirates ! En France il est 3 heures du matin et je commence sérieusement à m'inquiéter. Nouvel appel, Guy me prévient qu'une des élingues vient de rompre. L'angoisse monte. J'ai le sentiment de tenir la vie d'un homme au bout d'un fil, ce qui est vraiment le cas. Cette opération avait été menée conjointement avec une équipe italienne représentant les montres Sector, spécialisée à l'époque dans des opérations *no limit*. Je prends immédiatement contact avec ces partenaires, qui veulent poursuivre l'expérience. Aguerris à ce genre de situation, les Italiens ne prennent pas conscience, selon nous, des risques encourus. Persuasif et entêté, j'insiste, argumente et arrive à les faire changer d'avis. Bien m'en a pris… Je demande immédiatement à Guy de remonter dans sa barge de survie et d'attendre le bateau de secours que nous allons faire partir de Ceylan. Quelques heures plus tard, la deuxième puis la troisième élingue cèdent, libérant la partie sous-marine qui doit encore aujourd'hui se trouver à des milliers de mètres sous l'eau. Nous avons eu chaud ! Cette expérience à l'époque fit la une des journaux télévisés. On m'a proposé depuis d'autres expériences de ce type : traversée à la rame en solitaire, plongée en grandes profondeurs, mais cette expérience humaine m'a largement vacciné contre ce genre de péripéties.

ÎLE D'IBO, TOUJOURS... Au bout de quelques jours la fatigue envahit le campement. Est-ce le changement de climat, la chaleur lourde, les piqûres d'insectes en tout genre, attirés par l'odeur de nos peaux moites ? Lorsqu'on est loin de tout, il faut être très vigilant aux moindres symptômes, surtout en ce qui concerne la baisse de forme. Je regarde mes coéquipiers, remarque que certains d'entre eux ont l'air de mieux supporter ces conditions de vie. Après observation, nous découvrons qu'ils sont les seuls à ne pas boire l'eau servie à table. Ils remplissent eux-mêmes leurs gourdes en y ajoutant des pastilles de purification. En menant plus loin l'investigation, nous découvrons le responsable de ce qui aurait pu nous coûter la vie... Dans le réservoir d'eau collectif surnage un invité : un gros rat mort flotte, le ventre gorgé d'eau. Cet avertissement nous fait redoubler de vigilance et nous incite à prendre conscience que le regard de l'autre est fondamental pour la survie en milieu hostile.

Ces instantanés de voyage, tantôt comiques, tantôt plus dramatiques, sont des moments forts qui m'empêchent, si tant est que je puisse en avoir la tentation, de m'enfermer dans le confort matériel et moral. J'ai pu vérifier sur le terrain la réalité de la misère, constater *de visu* l'altération de certains milieux naturels. C'est infiniment plus efficace pour rester motivé que d'en entendre parler dans les médias ou les livres. J'ai aussi en tête une multitude de moments magiques, la plupart liés aux relations chaleureuses que nous entretenons pendant les missions et qui ne pourraient pas être les mêmes si nous nous contentions de nous rencontrer en France. Sans mes voyages, je n'aurais jamais croisé autant de gens formidables, qui œuvrent discrètement pour aider ceux qui en ont besoin et déploient avec les populations locales des trésors d'énergie et d'imagination. Ces rencontres me rendent la vitalité que je perds parfois lorsque j'écoute les informations, forcément dramatiques : les catastrophes font de meilleurs titres que les bonnes nouvelles.

J'éprouve de la nostalgie en regardant certains instantanés de voyage, mais je conserve précieusement le souvenir de la sérénité que procurent des paysages intacts. Cette sensation à elle seule justifie que je me batte pour préserver cette belle planète.

UN RAPPORT SENSORIEL AU MONDE

Je ne voudrais pas finir ce livre sans revenir sur la notion de sensorialité, que j'ai évoquée tout au long de ces pages. Elle me semble un élément essentiel pour arriver à un état de bonheur subtil qui dépasse largement les notions de plaisir ou de bien-être, même si ces deux dernières recoupent des réalités agréables. La sensorialité est en outre différente de la sensualité, même si la sensualité fait partie de la sensorialité.

Le plaisir, le bien-être et la sensualité sont tournés vers soi. En cosmétique notamment, on cherche à apporter à la personne des sensations agréables à travers une stimulation positive des cinq sens. Un massage avec de l'huile parfumée au son d'une musique relaxante est une expérience éminemment sensuelle qui s'adresse simultanément au toucher, à l'odorat et à l'ouïe. Pour peu qu'en ouvrant les yeux au terme du soin la personne massée se retrouve dans un lieu bien décoré et qu'on lui offre quelque chose de bon à boire ou à manger, la vue et le goût seront à leur tour satisfaits. Je n'ai évidemment rien contre ce genre d'expérience qui apporte du bien-être et aide à lutter contre le stress et la fatigue, puisque nous proposons ce type de rituel dans nos spas. Il y a même un effet thérapeutique des stimuli sensuels qui augmentent le taux d'endorphines, neurotransmetteurs du plaisir, et contribuent sans doute à stimuler le système immunitaire. Les recherches en neuro-psycho-endocrinologie ont démontré le lien étroit entre le physique et le mental, qui interagissent sur l'organisme. On est plus vulnérable aux infections lorsqu'on a le moral en berne, et lorsqu'on souffre d'une infection, la fatigue qui en résulte peut vous saper le moral.

La différence entre sensualité et sensorialité réside dans l'objectif. La sensualité a pour finalité le plaisir, alors que la sensorialité est tournée vers la connaissance. C'est un mode de décryptage du monde à travers les sensations que celui-ci provoque, que ces sensations soient ou non agréables. Pour reprendre un exemple breton qui m'est cher, il n'est pas très agréable d'être arrosé par un déferlement de vagues glacées ou de se retrouver projeté par le vent contre un rocher de granit. Cependant, les sensations de froid, de choc sur la peau, le sifflement du vent dans les oreilles et l'amertume de l'eau de mer sur les lèvres renseignent sur la nature bretonne plus sûrement qu'une description verbale ou qu'une photo de tempête. La sensorialité consiste à s'ouvrir à toutes les sensations qu'offre le monde pour mieux le connaître. C'est une attitude naturelle chez les bébés : ils voient quelque chose, s'en emparent et le portent spontanément à leur bouche ou à leurs narines. Par ces quatre sens, la vue, le toucher, le goût et l'odorat, ils acquièrent des connaissances précises sur leur environnement, indispensables à leur développement et à leur sécurité. L'enfant qui a touché une seule fois une brindille incandescente près de la cheminée se souvient à jamais que le feu brûle alors que les mots d'avertissement de ses parents ne l'auront pas dissuadé de s'en approcher.

La mer, à laquelle je consacre ma vie, me semble être l'élément privilégié pour cultiver un contact sensoriel avec le monde. Avant d'être des terriens, nous avons été aquatiques, que ce soit à l'échelle de l'histoire de la planète – comme tout être vivant, nous descendons des bactéries marines, puis des microalgues bleues nées dans « le bouillon de culture originel » – ou à l'échelle de notre propre existence, puisque nous passons les premiers mois de notre vie dans le liquide amniotique. Retrouver le contact avec l'eau, c'est se ressourcer, remonter à ses origines et ses émotions premières.

Il existe d'ailleurs des thérapies qui se déroulent dans l'eau, ou qui utilisent l'eau pour révéler des blocages émotionnels à l'origine de symptômes que la médecine occidentale ne comprend pas. On utilise aussi l'eau et le contact avec les mammifères marins, comme la nage au milieu des dauphins, pour faciliter l'expression de malades autistes. La plongée sous-marine est également une activité physique et mentale qui permet à des handicapés moteurs de partager des moments forts avec des plongeurs valides sans qu'ils ne ressentent leur handicap car l'eau les porte. Les sourds, habitués à communiquer par signes, sont même favorisés sous l'eau parce qu'ils peuvent tenir de véritables conversations entre eux, alors que le langage gestuel des plongeurs reste limité ! La mer, source d'équilibre mais aussi élément qu'il faut respecter sous peine d'accident, est un milieu de choix pour resocialiser des jeunes en difficulté. Nous l'avons expérimenté sur l'île d'Houat en organisant des séjours avec des jeunes défavorisés. L'expérience du père Jaouen a également montré comment la vie collective sur un bateau pouvait aider de jeunes drogués à se défaire de leur dépendance. Il n'y a là rien de magique, simplement le résultat d'un contact sensoriel total avec le monde qui génère à la fois un sentiment d'humilité et de joie profonde.

La sensorialité rend attentif au monde. Pour l'exercer, il faut en effet prendre son temps, se laisser envahir par les sensations et laisser au corps le temps d'y répondre. Il n'y a rien de commun entre une marche rapide en forêt et une marche où l'on s'attache à sentir les odeurs des plantes, voire à les différencier, à distinguer les sons, craquements, chants d'oiseaux et bruits d'eau, à sentir sur la peau la chaleur ou le froid, l'humidité ou les démangeaisons provoquées par une plante ou un insecte, à discerner sur le sol les traces de pas et les trous creusés par d'invisibles animaux. Cette sensorialité est omniprésente dans les tribus dites primitives qui seraient vite en péril si leurs membres ne savaient pas capter avec tous leurs sens les signes d'alarme présents dans l'environnement.

Nous avons hélas perdu cette capacité à déchiffrer le monde dans nos vies modernes, faute de prendre le temps de la cultiver, mais il est possible de la retrouver. Un exercice connu consiste à déguster un plat lentement, en s'attardant sur les sensations qu'il procure à chaque sens, puis à en faire la synthèse. Les œnologues pratiquent ce genre d'exercices pour déguster les vins et y trouvent une infinité de subtilités inaccessibles aux buveurs rapides.

La sensorialité permet aussi d'améliorer ses relations avec autrui en étant attentif aux timbres de voix, aux gestes et parfois même aux odeurs qui trahissent des émotions inexprimées. Elle aide à ne pas blesser inutilement, elle permet aussi de communiquer sans parler, par l'échange de sensations. Se laisser imprégner par un beau paysage en compagnie d'une personne aimée est un pur bonheur. Elle améliore aussi la créativité. Ce qu'on appelle « intuition » n'est souvent rien d'autre que la capacité à anticiper parce qu'on est attentif aux signaux qui annoncent un événement, comme les animaux sentent avant nous qu'un orage ou un séisme va avoir lieu.

Le bonheur sensoriel est accessible à tous, d'ailleurs la sensorialité est plus développée chez les populations démunies que dans les sociétés occidentales, matériellement comblées mais souvent privées d'un contact direct avec la nature. Cette capacité à décrypter le monde est indépendante de l'aisance matérielle, mais donne à la vie une richesse et un relief infinis. Dans une société où chacun la cultiverait, les humains ne supporteraient plus une seule seconde la pollution, la violence ou un environnement dégradé qui agressent tous les sens. Développer sa sensorialité peut donc constituer un premier pas pour se décider à changer de mode de vie, parce que tout ce que nos sens jusqu'alors anesthésiés supportent deviendrait réellement invivable.

LÀ OÙ TOUT SE REJOINT

2007 a été une année charnière qui a conforté ma conviction que les laboratoires Daniel Jouvance doivent refléter mon engagement en faveur d'une société plus équilibrée et d'une conception morale et sociale de l'économie. Avec pour point d'orgue, en novembre 2007, une mission exploratoire de dix jours à Madagascar, territoire grand comme la France et la Belgique réunies. Nous n'avons pas choisi la destination par hasard. Depuis plusieurs années, Jouvance aide financièrement plusieurs associations. Antenna Technologies France lutte contre la malnutrition infantile avec des compléments alimentaires à base de spiruline : deux grammes par jour de poudre de cette microalgue sauvent un enfant de la malnutrition en six semaines. Le Club des plus belles baies du monde contribue à la protection de la biodiversité marine de ces hauts lieux parfois fragiles et trop souvent surpeuplés. Enfin Univers-Sel, association créée par des paludiers de Guérande qui se définissent comme « des paysans transmettant leur savoir-faire à d'autres paysans », promeut des méthodes de récolte dans des marais salants naturels, basées sur l'évaporation de l'eau au soleil. Solution écologique, sans aucune altération des milieux naturels, et économique, puisqu'elle ne consomme aucune énergie non renouvelable. Ces trois associations ont des implantations à Madagascar.

Joël Lorec, Hugues Noël, Jean-Paul Braud et Gérard Giaume m'accompagnent dans ce voyage. Jean-Paul est tout heureux de nous présenter l'île où il a passé son enfance, riche de ses multiples métissages, de ses plantes et de ses animaux endémiques, mais handicapée par une pauvreté chronique que n'ont pas arrangée les soubresauts politiques. Pendant plusieurs semaines il a organisé cette expédition avec une jubilation non dissimulée.

Première étape au village d'Ibity, proche d'Antsirabe, à 250 kilomètres au nord de Tananarive, pour visiter un site de production d'Antenna. Les responsables de cette association étaient venus me voir à Paris après avoir lu *Au nom de la mer*. J'avais été séduit par leur approche qui consiste à cultiver sur place la spiruline, à en vendre les deux tiers de façon à pérenniser une activité économique qui permet de créer des emplois locaux et à distribuer gratuitement le dernier tiers de granulés de spiruline dans des écoles ou des associations. Nous avions conclu un partenariat et j'ai hâte de voir sur place comment tout ceci fonctionne.

Nous visitons les installations, des bassins à l'air libre en béton, de 15 mètres sur 1,50 mètre, remplis d'eau et ensemencés avec des souches de spiruline sélectionnées. La biomasse d'algues est récoltée, puis réduite en une pâte qui sèche au soleil ou dans un four solaire avant d'être broyée pour fabriquer des gélules ou des berlingots de poudre de spiruline. Le technicien malgache nous confie qu'il cherche une solution non chimique pour augmenter le rendement des bassins sans altérer la spiruline. Jean-Paul Braud, spécialiste de la culture des algues, lui suggère de brasser l'eau avec des roues à aubes tournant lentement, afin d'augmenter l'exposition des microalgues au soleil, ce qui accroîtra leur capacité de prolifération. Nous apprenons que le site d'Ibity a créé trois emplois pour des travailleurs malgaches et forme les techniciens indispensables pour les autres lieux de production. Je suis d'ailleurs frappé par la collaboration exemplaire entre Antenna France et les Malgaches. Ceux-ci sont très impliqués, très désireux de se prendre totalement en main. On est loin de l'humanitaire compassionnel et de l'assistanat. En vendant les deux tiers de sa production et en distribuant le tiers restant à des organismes s'occupant d'enfants en détresse, Antenna autofinance pratiquement son activité, avec le soutien de partenaires qui apprécient cette démarche originale.

Après Ibity, nous gagnons Ambohimena pour rencontrer le médecin animateur de l'association Enfants du soleil qui nourrit, scolarise et soigne des enfants délinquants ou victimes de maltraitances ou de prostitution infantile. Un groupe de gamins séropositifs s'agglutine autour de nous, tout excités par notre visite et l'envie de se faire photographier. Certains sont déjà atteints par le sida. J'ai envie de pleurer devant leurs rires et leurs sourires, devant ce gâchis de vies… C'est une évidence, il faut développer notre partenariat avec Antenna. Nous continuerons à leur apporter un soutien financier direct, et je vais conclure avec eux un accord de commerce équitable en concentrant les achats de spiruline pour les compléments alimentaires Daniel Jouvance sur ces sites de production malgaches.

Nous sommes à présent attendus à Tuléar par l'association Univers-Sel. On nous propose de retourner à Tananarive pour prendre un vol intérieur, mais nous optons pour un trajet en voiture qui nous permet de découvrir Madagascar. Les habitats sont de briques ou de bois, des modestes cases alternent avec de jolies maisons au milieu d'une végétation d'une variété incroyable. Les villages sont pauvres mais pas miséreux. Comme dans de nombreux pays, la misère se concentre dans la capitale et ses bidonvilles. Madagascar est en train de se développer, de plus en plus d'investisseurs s'y intéressent, avec le risque d'y créer un choc culturel et économique nocif. La coexistence de la misère et de l'argent arrogant a déjà dévasté bien des pays…

Le monde est petit ! À la saline de Tuléar, je fais la connaissance de Frédéric Macquet, dit Fred, responsable de la société Trans-Mad qui commercialise le sel produit par les salines. Autrefois, les Malgaches faisaient chauffer l'eau avec le bois de la mangrove pour en extraire le sel, détruisant peu à peu ce milieu primordial pour la biodiversité[1]. Grâce à Univers-Sel, ils ont adopté le séchage au soleil et obtiennent d'excellents résultats.

Fred est breton, dynamique, passionné. Il gère 500 000 euros et connaît tous les acteurs du sel dans la région, des 18 tonnes produites à Tuléar aux 60 tonnes de la saline de Diego Suarez. Entre Bretons, on se regroupe immédiatement ! Fred me propose de rencontrer un de ses amis, Marc, un fou de la brousse qui travaille en liaison avec le WWF et s'est parfaitement intégré à la population malgache. Je savoure ces rencontres intenses, avec le sentiment de découvrir des gens admirables. Jacques Rougerie a raison : dès qu'on voyage, une multitude d'initiatives donnent foi en l'avenir. Seul regret : nous couchons dans des hôtels indiqués par les associations, qui n'ont pas osé loger chez l'habitant « le directeur des laboratoires Daniel Jouvance » ! Dommage, j'aurais bien aimé…

Hugues Noël et Joël Lorec sont à l'affût de plantes et d'actifs nouveaux utilisables en cosmétologie. Il faudra trois ou quatre ans pour les maîtriser, mais d'ores et déjà nous misons sur deux d'entre eux : l'huile de baobab produite dans une réserve botanique où l'on fait de la culture durable dont Hugues Noël veut tester les propriétés cosmétiques, et la vanille de Madagascar que j'aimerais adjoindre à la gamme Aquamondi pour ses propriétés équilibrantes sur les systèmes nerveux et respiratoire. Depuis plusieurs années, je m'intéresse à la vanille sauvage, qui a été utilisée en milieu hospitalier pour stimuler les prématurés. Au service de néonatalogie de Strasbourg, une étude du CNRS menée par le professeur Jean Messer a montré que l'essence de vanille calme les nouveau-nés, accroît leur appétit et surtout diminue les apnées respiratoires dans une proportion de 36 à 45 %. Il est probable qu'elle comporte d'autres propriétés intéressantes.

1. C'est dans la mangrove que viennent nicher et se reproduire nombre d'espèces aussi bien terrestres que marines.

Nous retournons donc à Tananarive pour rejoindre Sambava où nous attend Yvette, Malgache de 60 ans volubile et chaleureuse, qui produit de la vanille équitable. Nous y arrivons en piteux état, non pas accablés par la chaleur ou un moustique local, mais par la mayonnaise avariée du sandwich qu'on nous a servi dans l'avion. Yvette appelle un médecin et nous sommes bons pour une série de piqûres. Sous les tropiques, on soigne volontiers par injections, l'effet du médicament est plus rapide. Dès que nous sommes sur pied, l'oncle d'Yvette, un scientifique de 70 ans au regard malicieux, nous emmène en bateau dans la mangrove où il a entrepris des travaux de replantation.

Après Sambava, départ en voiture pour Diego Suarez, l'une des plus belles baies du monde où va accoster le bateau de l'association du même nom. Le paysage change : autre architecture, autre climat, autre organisation sociale. On pratique dans la région la culture sur brûlis, traditionnelle mais pas du tout écologique, qui fait cependant vivre nombre de paysans. Difficile d'imposer un autre mode de culture, et pourtant le temps presse.

La baie est magnifique, les paysages à couper le souffle, mais je suis déçu par Diego Suarez. À cause de cet environnement privilégié, justement, l'endroit est envahi de retraités occidentaux qui viennent finir leurs jours ici dans de superbes maisons, en s'offrant, grâce à leur argent, de jeunes et jolies Malgaches. Ils se congratulent, s'esclaffent bruyamment aux terrasses des restaurants et toisent leurs « conquêtes » d'un œil libidineux, en exhibant des tatouages qui leur donnent l'illusion d'être des aventuriers. « Petits Blancs » arrogants, méprisables… J'ai honte de cette image que donne parfois l'Occident, de cette suffisance que les peuples peuvent à juste titre considérer comme une insupportable violence.

Heureusement, nous ne terminerons pas le voyage sur ce triste spectacle. De retour à Tananarive, je décide d'aller assister à la messe du père Pedro en laissant quartier libre à mes compagnons. Finalement, ils m'y accompagnent. Le père

Pedro est une figure de légende à Madagascar, où il habite depuis 1972. Ce prêtre d'origine slovène, né en Argentine, a appris le métier de maçon avec son père et le football par passion, avant d'être touché par la foi à 16 ans. Il a fait ses études de théologie à l'Institut catholique de Paris puis est devenu missionnaire. Ami de l'abbé Pierre, proche de la communauté de Taizé, c'est un bâtisseur. En trente-cinq ans, il a construit, avec l'aide des Malgaches, plus de 15 000 maisons pour loger des gamins des rues, les scolariser et les éduquer. Chaque dimanche, sa messe accueille des milliers de fidèles et des curieux pas forcément croyants, mais subjugués par l'ambiance de cette cérémonie où tout le monde prie et chante avec une ferveur joyeuse.

Nous ne faisons pas exception. Que l'on soit croyant ou non, impossible de rester insensible à l'émotion extraordinaire qui émane de la foule et nous gagne peu à peu. Je me permets de filmer une partie de la messe, conscient que ces images ne seront qu'un pâle reflet de ce moment magique. La force et la joie du père Pedro sont communicatives. Notre brève rencontre, à la fin de l'office, reste aujourd'hui pour moi l'un des moments les plus forts et les plus importants de ma vie, après la naissance de mes enfants. Il m'apparaît comme une évidence que je ferai tout pour travailler avec lui.

À Madagascar, j'ai la conviction de trouver le port d'attache où tout se rejoint : la nature, la mer, l'intelligence collective, la possibilité d'inventer une autre façon d'entreprendre et de créer, des rencontres humaines exceptionnelles. Catherine, avec qui j'en parle dès mon retour, adhère complètement à cette idée et se dit prête à y collaborer activement à présent que nos enfants sont adultes. J'en suis heureux.

Coïncidence ou hasard malicieux, le père Pedro a choisi pour la première fois de sa vie une collaboratrice : une femme, blanche. Cette Occidentale est française. Je découvre sur place qu'elle est la fille de l'ancien directeur des relations humaines du groupe Yves Rocher.

LE BONHEUR, UN ART SUBTIL ?

Pourquoi y a-t-il plus de sourires sur les visages des habitants de Madagascar que sur ceux de nos concitoyens ?

Le bonheur réside-t-il dans une course effrénée à l'acquisition de biens matériels ou bien dans la contemplation de choses simples et belles que nous offre si souvent la nature ? Savoir s'arrêter, prendre le temps de regarder, méditer sur l'instant, avoir pleinement conscience que nous ne sommes que des êtres éphémères sur cette planète.

Essayons de nous rendre plus vivables à nous-mêmes et aux autres. Pour vivre heureux, vivons souriants. À quand la Journée du sourire, utopie que je porte en moi depuis des dizaines d'années ? Une journée où, pour une fois, tout serait Bien, Beau et Bon.

J'en suis intimement persuadé, notre planète bleue est source de bien-être et de bonheur si nous le voulons, mais il ne faut plus tarder à agir tous ensemble pour la préserver.

REMERCIEMENTS

Merci à celles et ceux qui ont enrichi ce livre en y apportant leur témoignage, leurs souvenirs, des images et du temps :

Catherine, Aurélia, Noémie et Jérémy Rocher

Philippe Boucher

Arnaud Bard, Rica Gourdet-Levy et Serge Mallet

Jean-Paul Braud, Christian Buchet, Yves Le Gal, Joël Lorec, Jean Meynadier, Hugues Noël, Jean-Pierre Callegary

Bernard Banaigs, Alain Couté, Jacques Rougerie, Sophie Richier, Benoît Tschieret

Frédéric Balner, Françoise Stephan-Heintze

Maxime et Vincent.

TABLE DES MATIÈRES

Poursuivez le voyage avec Daniel Jouvance sur le site
www.lebonheurestunartsubtil.com,
en découvrant les vidéos des expéditions scientifiques,
les chercheurs qui l'entourent, toute l'actualité du livre...

Daniel Jouvance reversera l'ensemble de ses droits d'auteur à la Fondation Daniel Jouvance créée sous l'égide de l'Institut de France, afin de soutenir les actions humanitaires et environnementales qui lui tiennent à cœur.

Composé par Nord Compo Multimédia
7, rue de Fives, 59650 Villeneuve-d'Ascq

Achevé d'imprimer en août 2008
sur les presses de Normandie Roto Impression s.a.s.
à Lonrai (Orne) - N° d'imprimeur : 082514

Imprimé en France.